파이낸셜 마인드

파이낸셜 마인드

초판 1쇄 발행 | 2021년 8월 26일
초판 4쇄 발행 | 2021년 10월 19일

지은이 | 김동옥
펴낸이 | 박상두
편집 | 이현숙
디자인 | 진혜리
제작 | 박홍준
마케팅 | 박현지

펴낸곳 | 두앤북
주소 | 13587 경기도 성남시 분당구 불정로 376번길 7, 401호
등록 | 제2018-000033호
전화 | 031-480-3660
팩스 | 02-6488-9898
이메일 | whatiwant100@naver.com

값 | 18,000원
ISBN | 979-11-90255-12-7 03320

파이낸셜 마인드

한국인의 금융원론

Financial Mind

두앤북

오래전부터 책을 써야겠다고 생각했습니다. 금융인의 한 사람으로 현장과 학계에서 배우고 깨달은 것들을 요약하고 정리했습니다. 나름의 시각을 더하고 전문가들의 조언을 구해 수정을 거듭했습니다. 하지만 책을 완성하는 일은 언제나 내일의 과제로 남았습니다. 실력보다 과욕이 앞섰던 까닭입니다.

시간이 흐르면서 '완벽'을 향한 욕심을 내려놓을 수 있는 여유가 생겼습니다. 부족함을 인정하고, 조금의 '뻔뻔함'을 감수하기로 했습니다. '알면 알수록 부족함을 알게 된다'는 진리를 위안 삼아 지금의 '우리'에게 꼭 필요한 책을 내놓는다는 마음으로 용기 내어 발걸음을 내딛게 되었습니다.

이 책은 '누구나 쉽게 이해할 수 있는 금융 입문서'를 지향합니다. 부족한 부분이나 추가로 공부해야 할 내용은 차후에 보충하더라도 단숨에 읽어내려가면서 커다란 얼개를 갖출 수 있는 책이라고 할 수 있습니다. 세상의 많은 금융 관련서들이 복잡한 수식과 도식으로 가득 차 있어 거부감을 일으키고 금융을 소수 전문가들만의 영역으로 인식하게 만듭니다. 그 내용의 중요성을 부정하는 것이 아니라 미시적인 연습문제 풀이로 시작하기보다 전체적인 인식의 틀을 갖추는 것이 먼저라는 생각입니다.

단번에 독파할 수 있도록 간결하고 단순한 서술에 주안점을 두었습니다. 그 방법 중 하나가 각주 사용입니다. 각주 사용의 최고 목적은 본문의 전개를 간략히 하려는 것입니다. 분량이 많아 오히려 복잡해 보이는 부분도 간혹 있지만, 본문의 흐름을 방해하지 않으면서 추가로 설명하기 위해서는 불가피했습니다. 강준만은 각주의 10가지 용법을 설명하는데, 대부분 필자의 의도와 일치합니다.*

* 각주의 용법은 ① 인용의 윤리 ② 인용의 실용주의(다른 연구자에 대한 서비스) ③ 주장의 근거 확보 ④ 부가 설명(글의 흐름을 방해하지 않기 위해) ⑤ 배경 설명(자상한 서비스 욕구) ⑥ 다른 해석의 소개로 설득력 확보 ⑦ 과감함 견해 피력(본문에 들어갈 경우 설득력의 훼손을 피하기 위해) ⑧ 사적 에피소드 소개(이해에 도움을 주기 위해) ⑨ 학술성과 노력의 과시 ⑩ 인용 카르텔의 예의 등 열 가지를 들 수 있다(강준만, 2005).

참고하거나 직간접적으로 인용한 문헌은 빠짐없이 표기했습니다. 그 양이 적지 않은데, 이유는 3가지입니다.

첫째, 인용의 윤리를 지키기 위함입니다. 집필 구상에 영감을 주거나 서술에 도움을 준 문헌은 모두 표기했습니다. 직접 인용은 큰따옴표로 표시하고, 일정 분량 이상인 경우에는 별도의 문단으로 구성했습니다.

둘째, 독자의 보충학습을 안내하기 위함입니다. 다양한 논문과 단행본이 정리되어 있으므로 추가적인 학습에 길라잡이 역할을 하리라 기대합니다. 국내에 소개된 번역서도 함께 제시했습니다.

셋째, 필자의 서술을 검증하기 위함입니다. 그릇된 내용이 포함되지 않도록 조금이라도 의문이 남으면 관련 문헌을 확인하여 엄중한 자기검증을 거쳤습니다. 그 과정에서 발견한 재미있는 일화도 책에 담았습니다.

편향된 서술을 방지하기 위해 오랜 기간 금융업에 종사해 온 전문가들에게 의견조회도 거쳤습니다. 6장의 내용에 대해서는 염성오 한국기업평가 본부장, 7장은 조창희 NH투자증권 이사, 8장은 박동귀 키움투자자산운용 본부장의 의견을 들어 재고하고 수정하는 과정을 거쳤습니다. 이상대 농협은행 단장과 마성욱 삼우회계법인 대표는 전체 원고를 꼼꼼히 읽는 수고를 아끼지 않고 값진 조언을 주었습니다. 특히 염성오 본부장은 지쳐있던 필자에게 이 책의 집필을 시작할 수 있게 격려해주고 중간중간 힘들 때마다 친절하게 독려해주었습니다. 마성욱 대표는 한 문장, 한 단어까지 세심하게 살피며 다양한 의견과 유익한 대안을 제시해주었습니다. 다만 이견이 있는 부분은 필자의 견해를 고수했으므로 미진한 점이 있다면 오롯이 필자의 몫으로 남습니다.

책을 쓰는 데 도움을 주신 분들에게 깊은 감사의 말씀을 올립니다. 미처 소개하지 못한 분들에게도 감사의 마음을 전합니다.

이 책이 금융(학)을 공부하는 학생에게는 사고의 틀을 제공하고, 금융업 종사자에게는 놓치고 있던 중요 내용을 떠올리게 하고, 금융 연구자에게는 현장의 소리를 청취하는 기회로 다가가면 좋겠습니다. 독자들의 관심과 질정에 힘입어 보다 나은 책으로 꾸준히 거듭날 수 있기를 희망합니다.

2021년 7월

불곡산 숲자락에서

김동옥

차례

3장

금융시스템

4장

화폐의 시간가치

5장

금융시장의 효율성

6장

프로젝트금융

7장

투자금융

8장

대체투자

9장

금융위기

10장

금융혁신

1장

서론

Financial Mind

금융자본주의라는 말이 낯설지 않다. 금융거래의 일상화와 금융시스템의 복잡화로 금융에 대한 이해력의 중요성이 점증하고 있다.

올바른 금융교육은 경제발전을 위한 기반 구축에 해당한다.[1] 금융위기의 원인 중 하나가 개별 경제주체의 금융지식 부족 때문이라는 주장(Thaler and Sunstein, 2009)을 감안하면 반복되는 금융위기를 예방하고 피해를 최소화하기 위해서도 금융에 대한 이해도를 제고할 필요가 있다.

심화되는 양극화의 해결책으로도 금융교육의 의의가 인정된다. 자본주의경제체제의 성숙에 따라 금융지식의 격차가 소득격차를 야기하여 빈부격차의 원인이 되고 있기 때문이다. 실제로 우리나라 학생들의 금융 이해도는 미국이나 일본에 비해 낮은 수준이며, 소득수준이 금융 이해도에 정(正)의 영향을 미치고 금융지식의 차이가 신용등급의 차이를 설명한다(조영

1 금융교육이 개인의 투자 성과와 국가의 경제성장에 긍정적인 영향을 미친다(OECD, 2006).

식 · 박송춘, 2010).[2] 이에 따라 정부는 2009년 '경제교육지원법'을 제정하고 국가 및 사회 발전에 이바지할 목적으로 금융을 포함한 경제교육을 활성화하기로 했다.

이처럼 금융지식의 습득이 중요함에도 여러 현실적 난관으로 금융 이해도의 제고는 쉽지 않은 상황이다. 독립 학문으로의 분화 과정에 있는 금융(학)의 논의는 여전히 경제학, 경영학, 회계학의 여러 하위 과목들의 기초 지식을 이해하고 있다는 가정하에 전개된다. 이에 따라 금융이론을 학습하는 과정은 곳곳에 장벽이 가로막은 산길을 걷는 듯 험난하다.

> 대학에서 가르치는 금융은 통합적이지 못하다. (…) 이처럼 학문의 분파성이 높은 까닭에 금융에 입문하려는 이는 물론 금융에 종사하고 있는 이들까지도 금융의 전체 상을 갖는 데 어려움이 많다. (…) 금융은 상아탑의 이론보다는 실무에 의해 발전해왔으며, 오랜 역사 속에서 수많은 위기를 거치며 진화해왔다. 금융은 한 나라의 명운과 개개인의 삶에 지대한 영향을 미치므로 금융을 둘러싸고 이념과 정책의 충돌이 계속되어왔으며, 금융시장 참가자들이 환경 조건의 변화에 적응하는 과정에서 시장, 제도, 상품의 혁신이 끊임없이 이루어지고 있다. (…) 따라서 이론적임과 동시에 실무적으로, 역사적임과

2 금융 이해력(FQ, Financial Quotient) 테스트 결과(미국 2000년, 한국 2006년) 우리나라 학생의 점수는 미국 학생의 점수보다 낮았고, 2007년 실시된 경제 이해력 비교 측정 결과에서는 미국, 일본, 한국 순으로 점수가 높았다.

동시에 현시대적으로, 또 거시적임과 동시에 미시적으로 가급적 스펙트럼을 확장하는 방식으로 금융을 공부할수록 금융의 본령(本領)에 더 가깝게 접근할 수 있다(이찬근, 2011).

금융위원회는 합리적 금융생활을 위한 금융교육 필요성 증가, 본격적인 금융교육 활성화 미흡으로 인한 금융 취약계층 존재, 건강한 금융생활 기반 구축을 위한 개인의 금융역량 강화 필요 등을 이유로 2013년 '금융교육 활성화 방안'을 발표했다. 일관되고 체계적인 교육시스템, 접근성이 제고된 교육환경, 맞춤형 교육의 제공을 제안했다.

금융이론 학습은 일정 수준 이상의 긴장과 집중이 필요하다고들 한다. 모든 학습에 공통적으로 적용되는 사실이지만, 금융을 이해하기 위한 학습에서 더욱 두드러진다. 이는 학문의 분파성과 관련이 있다. 금융지식을 습득하는 과정에서 어려운 회계학적 지식이 필요한 설명을 맞닥뜨리면 잠시 흐름을 끊고 해당 내용을 숙지한 후 다시 돌아와야 한다. 그렇지 않으면 중도에 포기하게 된다. 복잡한 수식이나 도식으로 설명하기가 더 용이한 개념이 존재하는 것도 하나의 이유가 된다. 고등수학으로 이루어진 간략한 설명은 외양은 아름답지만 대부분의 학습자에게는 또 다른 포기 사유가 된다. 따라서 호흡이 끊기지 않는 평이한 설명으로 전체를 조망함으로써 금융 사고체계(또는 금융

 마인드, financial mind)를 갖추는 것이 중요하다.[3]

이와 관련하여 금융교육의 개념과 원리를 중시해야 한다는 견해와 실생활과 밀접한 내용에 중점을 두어야 한다는 주장의 대립이 있다. 그러나 금융 마인드 확립에는 그러한 구분에 대한 고민보다 일관되고 체계적인 학습이 더 중요하다. 물론 경제학과 경영학, 회계학 등 관련 지식을 배제하고 일관된 금융이론을 논의할 수는 없다. 이 책에서는 이러한 선행학습의 필요성을 인정하되 당연시하지 않고 정규 교육과정을 이수한 사람이라면 누구나 알고 있을 내용만을 전제하고 논의를 전개한다.

'견고한 금융 마인드 갖추기'를 목표로 집필한 이 책은 총 10장으로 구성되어 있다. 난해한 수식은 빼고 최대한 간략한 문장에 쉬운 사례를 들어 짧은 시간에 긴 여정을 소화할 수 있도록 했다. 이해에 꼭 필요한 내용 위주로 서술하고 부가적인 설명과 참고사항은 각주를 달았다.

2장에서 5장은 금융이론의 핵심인 금융원론의 외관(2~3장)과 내부의 작동(4~5장)을 살핀다. 6장에서 8장은 금융 마인드 확립에 장애가 되는 개념의 혼란을 정리하고, 9장과 10장에서는 금융이론에서 크게 주목하지 않지만 일관된 사고체계 정립에 필요한 주제를 다룬다.

3 "경제학의 유용한 명제는 명료하고 꾸밈없이 누구에게나 납득되는 말로 정확히 설명할 수 있다(Galbraith, 1987)." 역서(장상환, 2002) 인용.

이 책의 본론은 금융의 사전적 정의와 자금의 흐름에 따른 전체적 조망과 함께 직접금융과 간접금융의 차이 및 개인금융과 기업금융의 구분으로 시작한다.

우리나라는 간접금융이 우세한 금융시스템임에도 직접금융 위주의 교과서로만 학습하는 데서 오는 어려움과 부족함을 극복할 수 있는 효과적인 출발점이다.[4] 그중에서도 금융기관, 금융시장, 금융기반으로 이루어진 금융시스템에 대한 이해는 금융 마인드 확립의 필수 요소다. 기능적 관점에서 금융시스템을 살핌으로써 금융에 대한 체계적인 이미지를 갖출 수 있다.

화폐의 시간가치는 금융이론의 기술적 핵심이다. 이자율의 의미 및 기능과 함께 시간에 따른 가치변동 과정을 이해하면 복잡한 금융이론 정복을 위한 무장이 완비된다. 거시적 틀이 없는 부분 학습에 매몰되는 경우에는 알 수 없지만, 화폐의 시간가치에 대한 이해는 파생금융상품을 비롯한 복잡한 가치 평가 문제를 단순한 수학으로 치환한다. 모든 가치 평가는 결국 계약 내용에 따라 시점별로 발생하는 현금흐름을 계산하고 이를 원하는 시점으로 이동시키는 과정이기 때문이다. 미국인의 2/3가 복리계산을 알지 못하고, 영국인 5명 중 1명이 물가상승률과 이자율의 관계를 이해하지 못한다고 한다.[5] 명목이자율과 실질이

4 2장 2절(34쪽) 참조.

5 2006년 영국에서, 2008년 미국에서 시행된 조사의 결과다(Ferguson, 2008).

자율을 구분하기만 해도 일상의 의사결정에서 최악의 선택은 하지 않을 수 있으며, 연간실효이자율을 이해하기만 해도 어지간한 금융사기는 피해갈 수 있다.

금융시장의 효율성은 매우 폭넓고 어려운 주제이지만 이 책은 금융 마인드 확립을 위해 최대한 쉽게 설명한다. 금융시장의 효율성에 대한 논의는 고차원적 금융이론 학습의 자양분이다. 주류 경제학의 효율적시장가설과 이를 비판하는 금융불안정성가설의 대비를 통해 금융시스템의 작동 원리와 결과를 포함한 전 과정에 대한 큰 그림을 그릴 수 있을 것이다.

2장에서는 금융의 개념적 정의에서 시작하여 자금의 흐름이라는 금융의 원천을 살펴본다. 3장에서는 기능적 관점에서 금융을 들여다보고 금융시스템의 구성인자를 알아본다. 4장은 금융이론의 기술적 핵심인 화폐의 시간가치를 설명한다. 위험과 수익률의 상반관계를 알려주고, 이자율의 기간구조와 위험구조를 풀이한다. 또한 화폐착각을 통해 물가상승이 이자율에 미치는 영향을 말하고 금융시장의 효율성에 대한 논의의 기초를 다진다. 5장은 본격적으로 금융시장의 효율성을 논한다. 주류 이론인 효율적시장가설과 반대편에 선 금융불안정성가설을 설명하고 비교한다. 효율적시장가설의 불완전성을 지적하는 행동금융학에 대해서도 알아본다.

금융 관련 용어를 오남용하는 대표적인 예로 프로젝트금

융, 투자금융, 대체투자 등을 들 수 있다. 프로젝트금융은 대표적인 오남용의 예이고, 투자금융은 일반적인 오용의 예이며, 대체투자는 남용의 예에 해당한다. 이 책은 객관적인 근거에 기초하여 용어의 오남용을 살피고 다양한 의견을 제시한다. 현대 금융제도의 핵심 요소들은 순차적으로 도입되었으므로 금융이론을 이해하는 올바른 첫걸음은 그 유래를 알아보는 것이다(Ferguson, 2008).

6장은 2008년 금융위기 이후 일반 대중에게도 널리 알려진 프로젝트금융에 대한 내용이다. 프로젝트금융은 일반인뿐만 아니라 금융업 종사자들에게도 올바른 개념 정립이 필요한 영역이다. 7장은 21세기 들어 친숙해진 개념인 투자금융(그리고 투자은행)에 관한 설명이다. 역사적 특수성으로 인해 개념의 모호함이 가장 심각한 영역이다. 8장은 최근에 자주 언급되는 대체투자를 위한 분석이다. 집합투자와 함께 분산투자에 대해서도 알아본다.

금융위기와 금융혁신에 대한 논의를 통해 오랜 금융의 역사를 살펴봄으로써 금융이론에 대한 성숙한 이해와 발전 가능성을 확보할 수 있다. 개체(개인)와 개체의 행위를 출발점으로 하는 분석은 현실을 무시하는 오만한 단순함에 매몰될 수 있다. 사회적이고 역사적인 기원에 주의를 기울임으로써 미래를 전망하는 유용한 역할을 기대할 수 있다(Heilbroner and Milberg,

1995).

9장은 금융위기를 다룬다. 이제는 학자들의 연구 대상을 넘어 일상의 흔한 용어가 된 금융위기에 대한 고찰로 더 좋은 금융시스템 수립을 도모한다. 우리나라가 겪은 두 번의 큰 위기를 돌아보는 기회도 제공한다. 10장은 금융의 미래를 좌우할 금융혁신에 대해 서술한다. 익숙하다 못해 당연시되고 있는 현재의 많은 금융상품과 금융기법이 사실은 엄청난 혁신의 결과임을 새삼 알게 될 것이다. 통화, 은행, 주식회사의 발명 및 발전에 관한 흥미로운 이야기도 만날 수 있다.

2장

금융이란 무엇인가

2.1

금융, 목표를 실현하는 과학

금융(金融, finance)은 금전(돈, 자금, 현금, 화폐)의 대차(貸借)를 말한다. 다시 말하면 자금의 융통, 자금의 수요와 공급 관계를 의미한다. 융통은 유무상통을 뜻하므로 금융은 자금이 있는(잉여, surplus) 자로부터 없는(부족, deficit) 자에게로 자금의 흐름을 뜻한다.[1] 그러므로 대출계약이라는 금융관계에서 자금을 공급하는 자는 대주(貸主, lender)라 하고, 자금의 수요자는 차주(借主, borrower)라고 한다.

금융과 혼용되는 개념인 재무(財務)는 재정(財政)에 관한 사무를 말한다. 재정은 재산의 조달, 관리, 사용과 관련한 일체

1 금융을 '현재의 돈으로 미래의 돈을 사서 수익을 취하는 경제활동'으로 정의하기도 한다. 여기서 '미래의 돈'은 '수익 실현이 기대되는 금융상품(financial instruments)'을 말한다(이종태, 2014).

의 작용 또는 경제주체의 경제 상태를 의미한다.[2]

일반적으로 우리는 위와 같은 사전적 정의에 따라 협소하게 금융을 정의한다. 학문으로서의 금융을 최적의 투자 포트폴리오를 설계하는 과학으로 이해하는 것처럼 말이다. 그러나 금융은 사회적 목표를 실현하는 과학으로 폭넓게 정의할 수 있다.

그렇다면 금융의 기능은 생산적인 인생에 적응하는 수단이 되고, 이 같은 견해는 금융이라는 단어의 어원에서도 확인할 수 있다.

넓은 범주에서 보면 금융은 목표한 바를 현실로 이루어나가는 과학이다. 목표를 성취하기 위해 필요한 경제적인 합의의 구조이며, 그 성취에 필요한 자산을 관리하는 일이다. (…) 금융(finance)이 라틴어 목표(goal)에서 파생된 단어라는 재미있는 사실이 쉽게 간과된다. 금융은 고전 라틴어 'finis'에서 유래되었는데, 이는 '종료' 또는 '완성'으로도 번역된다. 어떤 사전에서는 'finis'가 'finance'로 발전한 이유를 금융에 주택처럼 매매실현, 대출상환 같은 면이 있기 때문이라고 설명한다. 하지만 고대에서도 이 'finis'가 근대 영어에서의 '목적(end)'처럼 '목표(goal)'로 쓰였다는 사실에 주목해야 한다(Shiller, 2012).[3]

2 금융과 재무는 때로 동의어로 사용되기도 하는데, 자금의 흐름에 중점을 둘 때에는 금융이라는 표현이 선호된다. 그래서 재무는 'finance'로, 금융은 'financing'으로 구분하기도 하지만, 혼용도 무방하다.

3 역서(노지양 · 조윤정, 2013) 인용.

금융은 잉여자로부터 부족자로 자금이 흐르게 함으로써 산업 발전을 위한 자본을 공급하고 고용창출과 경제발전에 기여한다. 현대 자본주의경제는 금융지원을 통해 발전해왔다.

2.2

자금의 흐름

국민경제를 구성하는 주체는 가계, 기업[4], 정부다. 국민소득의 구성요소는 가계의 소비, 기업의 투자, 정부의 지출이다.[5]

가계 소비의 시간상 배분이 반복되는 과정에서 발생하는 자금의 흐름(flow of funds)을 개인금융(personal finance)이라 하고(임석필, 2009), 기업 투자 관련 자금의 흐름을 기업금

4 기업(firm)은 생산활동의 단위조직을 말한다. 보통은 회사(corporation)의 형태를 갖추지만 개인사업자(proprietorship) 또는 조합(partnership)일 수도 있다.

5 국민소득(Y) = 소비지출(C) + 투자지출(I) + 정부지출(G) + 순수출(X)
국민소득은 산출량 또는 총수익(yield)을 나타내는 Y로, 소비지출(또는 소비수요)은 소비(consumption)를 나타내는 C로, 투자지출(또는 투자수요)은 투자(investment)를 나타내는 I로, 정부지출(또는 정부수요)은 정부(government)를 나타내는 G로 표시한다. 국제무역을 고려하는 경우 순수출(또는 해외수요. X = 수출(export) – 수입(import))을 추가한다.

융(corporate finance)[6], 정부지출 관련 자금의 흐름을 정부재정(public finance)이라고 한다. 정부는 위험 부담이 크고 이윤 동기가 작동하지 않는 공공재 및 공공서비스(public goods and services)를 생산하여 제공함으로써 국민경제의 후생증대를 추구한다(김석원 외, 2021a). 여기서는 논의의 범위를 민간 영역인 개인금융과 기업금융에 두고, 기업금융을 중심으로 논의를 전개한다.

자금의 목적 또는 용도에 따라 개인금융은 소비금융(consumption finance), 기업금융은 생산금융(production finance)이라고 할 수 있다. 또한 규모의 크고 작음에 따라 개인금융은 소매금융(retail finance), 기업금융은 도매금융(wholesale finance)이라고도 한다.[7]

그림 2-1에서 Ⓐ는 금융기관을 통한 자금의 흐름을 나타내는데, 이를 간접금융(indirect finance)이라고 한다. 자금공급자와 금융기관, 금융기관과 자금수요자 간에 2개의 금융계약(financial contracts)이 체결된다. 자금수요자와의 금융계약이 자금공급자가 아니라 금융기관의 계산으로 이루어지므로 간접

6 6장 1절(129쪽) 참조.

7 개인금융은 소매금융이므로 담당 부서를 일반적으로 소매금융부(retail finance department)로 지칭한다. 만약 부서 명칭이 소매도매금융부(retail and wholesale finance department)라면 금융의 모든 영역을 뜻하게 되므로 특정성을 결여한 비논리적인 조어가 된다.

그림 2-1 자금의 흐름

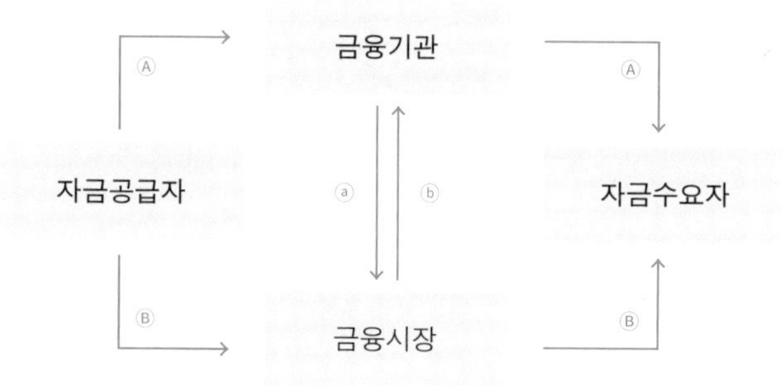

금융이라고 한다.

Ⓑ는 금융시장을 통한 자금의 흐름을 나타내며, 직접금융(direct finance)이라고 한다. 금융계약은 증권(securities)[8]을 거래함으로써 체결되고 자금공급자의 계산으로 이루어지므로 직접금융이라고 한다.[9] 금융시장에는 증권의 거래를 도와주는 다양한 서비스 회사들이 있다.

8 '자본시장과금융투자업에관한법률'에 따르면, 증권이란 내국인 또는 외국인이 발행한 금융투자상품으로서 투자자가 취득과 동시에 지급한 금전 등 외에 어떠한 명목으로든지 추가로 지급의무(투자자가 기초자산에 대한 매매를 성립시킬 수 있는 권리를 행사하게 됨으로써 부담하게 되는 지급의무는 제외한다)를 부담하지 않는 것을 말한다.

9 영미법계 국가들은 금융시장 중심의 직접금융이 발달했고, 대륙법계 국가들은 금융기관 중심의 간접금융이 발달했다. 우리나라를 포함한 동아시아국가들의 금융시스템은 간접금융이 우세하다.

ⓐ는 금융기관이 금융시장으로 자금을 제공하는 경우도 있음을 보여주고, ⓑ는 금융기관이 금융시장을 통해 자금을 조달하는 경우도 있음을 보여준다.

그림 2-1은 자금이 흐르는 전체의 장(場)인 금융시스템을 나타낸다. 이에 대해서는 3장에서 자세히 살펴볼 것이다.

2.3

학문으로서의 금융

학문으로서의 금융은 '불확실한 상황에서 희소자원의 시간상 배분에 관한 연구'로 정의할 수 있다. 이에 관한 의사결정이 다른 자원배분 의사결정과 다른 점은 관련 비용(costs)과 편익(benefits)의 영향 또는 효과가 장기간에 걸쳐 나타나고 불확실성 아래에서 의사결정이 이루어진다는 것이다. 따라서 기간별 최적화(optimization over time), 자산가치 평가(asset valuation), 위험관리(risk management)의 3가지가 주요 분석적 기능을 구성한다(Bodie et al., 2009).

학문은 분화의 과정을 겪는다. 경제학은 최초의 경제학자로 불리는 애덤 스미스(Adam Smith, 1723~1790)가 1776년《국부론》[10]을 출간하면서 태동했다고 보는 것이 대체적인 견해다.[11] 경제학이 정치학 및 도덕철학으로부터 독립한 것이 불과 250여 년 전의 일이다.

아리스토텔레스(Aristoteles, B.C.384~B.C.322)는 학문을 논리학, 이론학, 실천학, 제작학으로 사분했고, 중세의 교육과정은 기초 3학(문법학, 논리학, 수사학)과 고급 4과(산술학, 기하학, 천문학, 음악학)로 정비되었다(설혜심, 2011). 현재의 학문체계가 정립된 시기는 대략 19세기 초이고, 경영학이 경제학으로부터 분화하여 독립한 것은 20세기 초로 알려져 있다. 산업혁명으로 대량생산이 가능해지자 생산성 제고를 위한 기업 단위의 관심이 제고된 결과다.

경영학은 20세기가 지나면서 다시 세분화되었으며, 현재는 경영학의 하위 분과인 재무관리(financial management)가 금융학(또는 재무학, finance)으로 독립하는 과정을 거치면서 학문

10 원제는《국부의 성격과 요인들에 관한 연구(An Inquiry into the Nature and Causes of the Wealth of Nations)》.

11 1776년은 미국이 독립을 선언한 해로,《국부론》의 출간과 미국의 독립선언은 중상주의(Mercantilism)시대의 경제정책 및 관행에 대한 강력한 반발이었다. 중상주의는 15세기부터 18세기에 걸쳐 유럽에서 절대군주 국가체제가 성립되면서 근대적 산업체제를 확립하기 위해 채택한 국가 본위의 간섭정책으로, 금전적인 국부의 축적을 공공정책의 목적으로 삼는다. 그러나 중상주의는 주로 당시의 정치가, 관료, 실업계 지도자의 정신의 소산에 불과했다(Galbraith, 1987). 중상주의 이후 계몽주의(Enlightenment) 정신에 합치되는 경제사상인 중농주의(Physiocracy)가 프랑스에서 전개되었는데, 국부의 기초를 농업에 두었다.

의 분화가 진행되고 있다.[12]

학문으로서의 금융은 경제학의 분과로서의 금융경제학(financial economics), 경영학의 분과로서의 재무관리, 그리고 독립된 학문으로서의 금융학(finance)으로 그 위상을 가늠할 수 있다.[13]

독립된 학문으로서 금융학의 하위 분야는 크게 기업재무론(또는 기업금융론, corporate finance)과 투자론(또는 금융투자론, investments)으로 양분된다. 금융시장 및 금융기관론(financial markets and institutions)과 파생금융론(derivatives)을 더해 사분하거나, 국제금융론(또는 국제재무론, international finance) 등을 더해 더 세분화하는 경우도 있다(김동옥, 2014d).

경영학의 분과로서의 재무관리는 개별 기업의 관점인 기업재무론에 집중된 시각을 제공할 수 있다. 그러므로 금융이론의 발전에 공헌한 노벨경제학상 수상자들을 참고하여 금융학의 독립 과정을 살펴보면 좋을 것이다.

12 변대호(2010)에 따르면, 국내 4년제 대학 중 독립된 금융학과(부)가 개설되어 있는 학교는 12개에 불과하다. 대부분 경영학과의 편제 내에서 금융교육이 이루어지고 있고, 이는 우리나라에서 아직 금융학이 독립 학문으로 완전 분화하지 않았음을 보여준다(김동옥, 2014d).

13 금융경제학은 금융총론(financial system, time and resource allocation), 금융투자(bond and stock), 파생금융(forward, futures, options, and swaps) 및 기업금융(corporate finance)으로 구성된다(Bodie et al., 2009). 재무관리는 자본예산(capital budgeting), 자본비용(cost of capital), 자본구조(capital structure), 자본조달(capital financing) 및 파생금융(derivatives)으로 구성된다(Ross et al., 2009).

2.4

금융이론을 개척한 노벨경제학상 수상자들

1985년, 금융이론 발전에 공헌한 학자에게 최초로 노벨경제학상[14]이 수여되었다. 프랑코 모딜리아니(Franco Modigliani, 1918~2003)는 기업의 배당정책(dividend policy), 자본비용(cost of capital) 및 최적 자본구조(optimal capital structure)에 대한 연구로 현대 금융이론의 초석을 놓은 학자로 인정받았다.

1990년에는 자본자산가격결정이론 정립에 대한 공헌

14 노벨경제학상은 알프레드 노벨(Alfred Bernhard Nobel, 1983~1896)이 지정한 물리학, 화학, 생리학, 의학, 문학, 평화의 6개 부문과 별도로 1968년 스웨덴 중앙은행이 제정하고 1969년에 최초로 상을 수여했다. 공식 명칭은 '알프레드 노벨 기념 스웨덴 중앙은행 경제과학상(Sveriges Riksbank Prize in Economic Science in Memory of Alfred Nobel)'이다(Chang, 2014).

으로 3명의 금융(경제)학자가 공동으로 수상했다. 머튼 밀러(Merton Howard Miller, 1923~2000)는 MM이론(Modigliani-Miller Theorem)[15]으로 모딜리아니와 함께 금융이론의 선구자적 지위를 인정받았고, 해리 마코위츠(Harry Max Markowitz, 1927~)는 포트폴리오이론(portfolio theory)을 통해 분산투자의 효율성을 이론적으로 증명했다. 윌리엄 샤프(William Forsyth Sharpe, 1934~)는 가격이 위험과 잠재수익을 반영하는 과정을 설명하여 자본시장의 균형에 대한 이론을 정립했다.

1998년에는 옵션가격결정모형 개발 공로로 마이런 숄스(Myron Samuel Scholes, 1941~)와 로버트 머튼(Robert Cox Merton, 1944~)이 공동 수상했다. 머튼과 함께 블랙숄즈(블랙숄스)모형(Balck & Scholes Option Pricing Model)을 공동 개발한 피셔 블랙(Fischer Sheffy Black, 1938~1995)은 생존자만 선정하는 노벨상의 규정으로 수상하지 못했는데, 블랙은 하버드대학에서 물리학 박사학위를, 머튼은 컬럼비아대학에서 수리공학 박사학위를 받았다. 노벨경제학상은 (금융)경제학 박사학위

15 기업가치를 최대화하는 최적 자본구조 존재 여부에 대한 이론이다. 1958년 논문에서는 완전자본시장을 가정하고 자본구조와 기업가치의 무관련성을 입증했다(무관련이론, 최적 자본구조 부재). 1963년 논문에서는 법인세를 고려할 경우 타인자본 사용으로 이자비용 법인세 절세효과(ITS, Interest Tax Shield)가 발생하여 기업가치가 제고된다고 결론지었다(관련이론, 최적 자본구조 존재). 1977년 밀러는 단일 저자 논문을 통해 개인소득세를 추가로 고려할 경우 최적 자본구조가 존재하지 않는다는 균형부채이론을 주장했다(무관련이론, 최적 자본구조 부재).

자만의 전유물이 아니다.

2002년에는 대니얼 카너먼(Daniel Kahneman, 1934~)이 실험경제학(experimental economics)의 창시자 중 한 명인 버논 스미스(Vernon Lomax Smith, 1927~)와 경제학의 새로운 지평을 연 공로로 공동 수상했다.[16] 카너먼은 인간의 손실회피(loss aversion) 성향을 확인하고, 인간의 행동이 이익과 손실 앞에서 비대칭적임을 규명했다. 이를 전망이론(Prospect Theory)이라고 한다. 그는 이익이라는 긍정적 전망에서는 위험회피 성향을 보이지만 손실이라는 부정적 전망에서는 위험선호 성향을 보이는 모순을 관찰했다(Kahneman and Tversky, 1979).[17]

2013년에는 자산가격의 실증분석에 대한 공헌으로 3명의 학자가 공동 수상했다. 이들 가운데 계량경제학자인 피터 핸슨(Lars Peter Hansen, 1952~)을 제외한 나머지 2명이 금융(경제)학자다. 유진 파마(Eugene Fransis Fama, 1939~)는 효율적시장가설을 확립했다. 로버트 실러(Robert James Shiller, 1946~)는 효율적시장가설을 비판하는 입장에서 심리적 요인을 중시하는 행동주의 금융학자다.

2017년에는 리처드 탈러(Richard Thaler, 1945~)가 인간

16 카너먼의 공동 연구자인 아모스 트버스키(Amos Tversky, 1937~1996)는 블랙과 마찬가지로 공동 연구자의 노벨경제학상 수상 이전에 사망했다. 카너먼과 트버스키는 심리학자이고, 카너먼은 머튼과 같이 경제학 박사학위자가 아니면서 노벨경제학상 수상자가 되었다.

17 4장 3절(80쪽) 참조.

의 특질이 경제적 의사결정과 시장에 미치는 영향을 밝힌 업적으로 수상했다. 행동금융학의 창시자로 인정받는 탈러는 2008년작 《넛지(Nudge)》라는 책으로 대중에게 알려졌다. 이 책을 통해 강제와 지시에 의한 억압보다 부드러운 개입(nudge)이 특정한 행동을 유도하는 데 더 효과적임을 보여주었다. 행동금융학은 금융의 작동 원리에 대한 혁명적 인식틀을 제공하며 효율적시장가설로부터의 탈출을 자극했다.[18]

18 5장 4절(116쪽) 참조.

2.5

금융자본주의

금융에 대한 반감은 오랜 역사를 자랑한다. 여러 문학작품을 통해서도 고리대금업자의 악행을 발견할 수 있으며, 특히 금융위기의 혼란 이후에는 주범으로 지목된 자들의 막대한 축재에 대한 사회적 비난이 온갖 지면을 가득 메우기도 했다.

금융에 대한 적대감의 근저에는 땀 흘려 생산하는 실물경제활동에 기생하여 손쉽게 돈놀이만 한다는 이미지가 놓여 있다.[19] 그러나 금융이 없었다면 인류는 곤궁한 원시적 생활환경에 머물렀을 것이라는 점 또한 사실이다. 역사는 금융이 실물경제의 성장을 이끌고 견인한 사례로 가득하다. 금융시스템을 통

19 이러한 적대감은 ① 채무자가 다수이고 채권자는 소수이며 ② 소수의 채권자가 특정 계층이나 종교, 인종인 경우가 많고 ③ 지속되는 금융위기로 금융이 혼란의 원인 제공자로 비춰졌기 때문이다(Ferguson, 2008).

해 위험으로부터 스스로를 보호하고, 미래를 대비해 계획을 세우고, 아이디어를 실현하고, 거래를 촉진하여 진보를 추구할 수 있었다.

부가가치를 늘리는 쪽으로 자금이 이동하면 사회적 자산의 가치가 증가한다. 반대로 자금이 제대로 흐르지 못하고 갇히면 가치가 감소한다. 이때 자금의 절박함을 이용해 높은 이자율을 대가로 흐르는 것이 금융 또는 자본의 착취다(박경철, 2006).

금융자본주의(financial capitalism)는 20세기 초에 금융자본이 경제를 지배하는 독점자본주의(monopoly capitalism)를 지칭하면서 등장한 개념으로 금융을 향한 적대감이 표출된 것이었다.[20] 이러한 반감은 대공황 이후 경제력 집중에 대한 우려와 함께 정부의 강력한 개입을 불러오는 근거가 되었다. 하지만 1980년대 이후 금융거래의 폭발적 증가와 비중의 확대로 일상의 용어로 자리 잡기 시작했다.

금융에 대한 적대감에서 비롯한 개념이라 하더라도 금융자본주의는 자본주의경제시스템에 대한 금융의 중요성을 반영한 개념으로 타당성이 인정된다. 펀드자본주의(fund capitalism)

20 금융자본주의는 루돌프 힐퍼딩(Rudolf Hilferding, 1877~1941)의 1910년작 《금융자본(Das Finanzkapital)》에서 처음 사용한 것으로 알려진다. 이 책은 사회주의 이론가 로자 룩셈부르크(Rosa Ruxemburg, 1871~1919)의 1913년작 《자본축적(Die Akkumulation des Kapitals)》과 함께 마르크스주의(Marxism)이론의 지속적 발전에 공헌한 저작으로 평가받는다.

라는 용어가 가리키듯 펀드가 주주로서 기업지배구조에 강력한 영향력을 행사하고 있는 현실은 금융자본주의라는 표현의 적절성을 확인해준다.[21] 이처럼 금융자본주의체제에서는 금융에 대한 이해와 능력에 따라 사회의 부가가치가 분배된다(박경철, 2006).

앞으로 금융의 영향력은 더욱 확대될 것이다. 그렇다면 어떻게 해야 할까? 적대감을 가지고 외면하는 것이 옳은 선택일까?[22] 금융을 공부하고 이해함으로써 부당한 피해와 끔찍한 재앙으로부터 벗어나 경제적·정치적 의사결정의 현명한 주체가 되는 것이 더 나은 선택 아닐까?

21 그러므로 선량한 관리자의 주의의무(fiduciary duty)를 다하기 위한 금융기관 종사자의 책임감과 도덕성이 더욱 중요해졌다. 자본주의를 묘사하는 또 다른 표현으로는 경영자자본주의(managerial capitalism)와 주주자본주의(shareholder capitalism)가 있다. 경영자자본주의는 기업의 주식이 분산 소유되고 경영은 전문경영인에 의해 이루어지는 체제를 말한다. 주주자본주의는 주주가치의 극대화를 기업 경영의 중심에 두는 체제를 뜻한다. 펀드자본부의라는 표현에서 알 수 있듯이 주주자본주의에서 주주의 중심 세력 중 하나는 금융기관이다. 그러므로 주주자본주의는 금융자본주의의 다른 이름이기도 하다. 주주자본주의에 따라 적극적으로 의견을 피력하는 주주의 행태를 주주행동주의(shareholder activism)라고 한다. 주주행동주의는 소액 주주의 권리를 찾는다는 긍정적 의미뿐 아니라 단기 실적에 연연하여 연구개발 등 장기적 실적 개선에 필요한 투자지출을 저해한다는 부정적인 의미도 갖는다.

22 "금융자본주의는 결국 금융 측의 논리에 맞춰 세상을 바꾸고 유지하는 것이 효율적일 뿐 아니라 윤리적으로도 옳다는 정치 · 경제 사상이며 실천인 것이다(이종태, 2014)."라는 식의 반감은 여전하다.

Financial

3장

금융시스템

3.1

금융시스템

불확실한 상황에서 희소자원의 배분이라는 금융 의사결정(financial decision making)이 이루어지는 장(場)을 금융시스템(financial system)이라고 한다. 금융시스템은 금융시장(financial markets), 금융기관(financial institutions) 및 금융기반(또는 금융인프라, financial infrastructure)을 포함하는 총체적인 시스템을 말한다(임석필, 2006; 한국금융연수원, 2006).

금융시장은 경제의 주체가 금융상품 거래를 통해 자금의 흐름을 창출하는 장소를 가리킨다. 금융기관은 거래비용 절감, 만기 및 금액 변환, 위험관리, 지급결제수단 제공의 역할을 담당하고, 금융기반은 각종 금융규제 및 감독제도, 지급결제시스템, 금융안정망 등을 총칭한다. 금융안정망은 예금자보호제도와 중앙은행의 긴급유동성지원제도(또는 최종대부자 기능, lender of last resort)로 대표된다(한국은행, www.bok.or.kr).

이와 같은 금융시스템 내에서 의사결정자들 간의 계약 체결(financial contracting)에 따른 자금의 흐름(flow of funds)을 통해 자산과 위험을 교환(the exchange of the assets and risks)함으로써 금융의 목표가 실현된다.

3.2

금융의 기능[1]

자원의 이동

자금은 금융시스템을 통해 사용 혜택이 작은 시점과 공간에서 그 혜택이 큰 시점과 공간으로 흐르게 된다. 이를 통해 효율성이 제고되고 사회적 후생이 증가한다. 소득이 많은 시점에서의 저축을 통해 이후 소득 감소 시점을 대비함으로써 저축자의 효용이 증대되고 삶의 안정성을 확보할 수 있다. 마찬가지로 자금의 잉여 지역이나 국가에서 부족 지역이나 국가로의 자금 흐름을 통해 경제발전을 도모할 수 있다. 금융혁신은 이러한 효율성 제고의 방향으로 작동한다.

1 기능적 관점(functional perspective)에서 금융시스템을 기술한 내용(Bodie et al., 2009)의 체계를 참고하여 요약, 정리.

위험관리

그림 2-1에서 나타난 자금의 흐름과 마찬가지로 위험 또한 금융시스템을 통해 이동시킬 수 있다. 위험의 이동은 위험의 묶음(또는 위험합산, bundled risks)과 위험의 나눔(또는 위험분리, unbundled risks)의 형태를 갖는다.

예를 들어 100만 원의 투자비가 소요되는 사업 아이디어를 가진 甲(갑)이 있다. 그에게는 보유자금이 전혀 없다. 자금부족자인 甲(갑)은 자금잉여자인 乙(을)에게 창업회사 지분의 25%를 양도하여 50만 원의 자기자본투자를 받고, 나머지 50만 원은 은행에서 차입하여 자금을 조달했다. 이 경우에 은행은 乙(을)과 사업 실패의 위험을 공유하게 된다. 이것이 위험합산이다.

이와 달리 甲(갑)이 은행으로부터 100만 원을 차입하는 과정에서 乙(을)을 보증인으로 세웠다면 은행이 부담하는 위험의 일부가 乙(을)에게 이동하게 되는데, 이것이 위험분리다.

청산 및 결제

금융시스템이 없으면 거래의 대가를 지급하기 위해 현물을 소지해야 한다. 현물을 소지하고 있어도 원격지에서의 지급결제는 불가능에 가깝다. 금융의 기능으로 지폐, 수표, 계좌이체, 신용카드 등을 통해 지급결제 업무의 효율성을 제고하게 되었다.

경제주체들 간의 채권채무관계를 해소하는 행위를 지급결제(payment and settlement)라고 한다. 지급결제가 현금으로 이루어지면 대금의 지급(payment)만으로 모든 절차가 완료된다. 이와 달리 수표나 계좌이체 등 현금 외의 수단으로 지급결제가 이루어지는 경우에는 지급 외에 청산(clearing)과 결제(settlement) 과정을 거쳐야 절차가 완료된다. 청산은 서로 주고받을 금액을 계산하는 것을 말하고, 결제는 청산을 통해 계산된 금액을 주고받음으로써 지급을 완료하는 과정이다(김석원 외, 2021b).

자원통합 및 지분분할

금융시스템은 자금의 통합(pooling resources)으로 거대 자본이 소요되는 대규모 사업을 수행할 수 있게 해주고, 동시에 대규모 사업의 소유권을 다수에게 분할해준다(subdividing shares). 개별 가계의 소규모 자금을 금융시장이나 금융기관에 집중시킴으로써 거대 자본을 형성하여 대규모 사업에 투자될 수 있게 한다. 또한 거대 기업의 소유권을 지분의 형태로 다수의 개인에게 분할 및 배분하는 기능을 담당한다.

정보 제공

금융시스템에서 제공되는 가격과 이자율 정보는 개별 경제주체의 금융 의사결정과 관련한 근거를 제시한다. 즉, 저축과 소비 등 가계의 의사결정 기준이 된다. 예를 들어 상속재산 분배 과정에서는 가계 구성원들 간 합의 도출의 기준을 제공한다. 또한 기업의 자본조달과 자본예산에서 의사결정의 근거를 제시한다. 금융혁신을 통한 새로운 금융상품의 출현은 새로운 가격 정보를 수반한다.

정보비대칭 문제 경감

거래 쌍방 간에 보유한 정보의 비대칭(information asymmetry)을 원인으로 발생하는 도덕적 해이(moral hazard), 역선택(adverse selection), 주인-대리인 문제(principal-agent problem)도 금융시스템을 통해 최소화할 수 있다.[2] 이러한 문제들을 인센티브 문제(incentive problems)라고도 하는데, 거래 일방이 상대방을 감시 또는 통제할 수 없거나 곤란하기 때문에 발생한다.

자금공급자는 금융계약의 담보제공(collateralization) 조항으로 수요자에 대한 감시 비용(monitoring costs)을 절감하고 도덕적 해이를 경감할 수 있다. 또한 금융시스템을 통해 개인으로서는 불가능한 전문화(specialization)를 이루어 선별

2 도덕적 해이란 정보 보유자가 정보 미보유자의 이익에 반하는 행동을 취하는 것을 말한다. 역선택은 정보의 불균형으로 불리한 의사결정에 이르게 되는 상황을 뜻한다. 주인-대리인 문제는 위임을 받은 대리인이 주인의 이익보다 자신의 이익을 추구하는 것을 말한다.

(screening) 능력을 보유함으로써 역선택으로 인한 피해를 줄일 수 있다.[3] 이뿐 아니라 타인자본 투자계약의 주식첨가제(equity kicker)를 통해 주인-대리인 문제를 약화시킬 수 있다. 대주에게 이익공유권이나 주식전환권을 부여함으로써 비효율의 크기를 줄이는 것이다.[4]

3 정보비대칭 문제 극복 관련 이론으로는 조지프 스티글리츠(Joseph Eugene Stiglitz, 1943~)의 선별이론(Screening Theory)과 마이클 스펜스(Michael Andrew Spence, 1943~)의 신호이론(Signalling Theory)이 대표적이다. 선별이론은 정보 열위자가 정보 우위자를 심사함으로써 문제를 완화할 수 있다고 본다. 신호이론은 정보 우위자가 신호를 보냄으로써(예를 들면 중고차 판매자의 일정 기간 무상수리 제공 등을 통해) 문제를 최소화할 수 있다고 설명한다. 두 학자는 조지 애커로프(George Arther Akerlof, 1940~)와 함께 정보경제학 이론의 핵심적 바탕을 마련한 공으로 2001년 노벨경제학상을 공동 수상했다.

4 이로써 본인인 대주와 대리인인 차주(주주 및 경영자)의 이해관계를 일치시킬 수 있다.

3.3

금융시장

자기자본시장 vs 타인자본시장

기업의 자본은 자기자본(equity capital)과 타인자본(debt capital)으로 구성된다. 재무제표에서 타인자본은 부채(liabilities)로, 자기자본은 자본(capital)으로 표시한다.

금융학과 회계학은 자본비용에 대한 인식에서 가장 큰 차이를 보인다. 회계학에서는 명시적으로 발생하는 부채비용만을 인식한다. 이에 비해 금융학에서는 자기자본비용(cost of equity capital)을 기회비용(opportunity cost)의 관점으로 인식함으로써 타인자본비용(cost of debt capital)에 더해 가중평균자본비용(WACC, Weighted Average Cost of Capital)을 계산하고 이를

의사결정의 중심에 둔다.[5]

자기자본 투자자(equity capital holders)는 타인자본 투자자(debt capital holders)에 비해 기업의 이익 증가와 자산가치 상승으로부터 혜택을 본다는 장점을 갖는다. 그에 반해 기업 현금흐름의 지급 순위에서 타인자본 투자자 다음에 위치한다는 단점이 있다. 그래서 자기자본 투자자를 잔여재산 청구권자(residual claimant)라고 한다.

자기자본시장(ECM, Equity Capital Market)은 통상적으로 주식시장(stock market)이라 불린다. 기업의 이익에 대한 청구권(claims on the earnings of corporations)이 거래되는 시장으로, 개인투자자의 부와 기업의 투자 의사결정에 중대한 영향을 미친다. 타인자본시장(DCM, Debt Capital Market)은 일반적으로 채권시장(bond market)이라고 하며, 기업과 정부의 활동에 자금을 공급하는 기능과 이자율 결정 기능을 담당한다.

단기금융시장 vs 장기금융시장

단기금융시장(short-term financial market)은 화폐시장(money market)이라고도 하며, 1년 미만의 단기자본이 거래되는 시장을 말한다. 장기금융시장(long-term financial market)은 자본시장(capital market)이라고도 하며, 1년 이상의 장기자본이

5 자기자본비용은 확정비용이 아닌 기대비용이므로 회계적으로는 인식할 수 없다.

거래되는 시장이다. 단기금융시장은 장기금융시장보다 유동성이 풍부하다. 단기증권의 경우 이자율 등 시장환경의 변화에 대한 가격 변화의 민감도가 장기증권보다 작기 때문이다.

타인자본시장에서는 만기 1년을 기준으로 단기(short-term)와 장기(long-term)를 구분한다. 1년 이상 10년 미만인 경우를 중기(intermediate-term)로, 10년 이상인 경우를 장기로 구분하기도 한다.[6]

발행시장 vs 유통시장

발행시장(primary market)은 증권의 최초 발행 시점에서 거래되는 시장을 말하고, 유통시장(secondary market)은 이미 발행된 증권이 거래되는 시장을 가리킨다. 유통시장에서의 증권거래는 증권을 발행한 기업에 새로운 현금 유입을 일으키지는 않는다. 하지만 증권거래에 유동성을 제공하고, 지속적으로 정보를 반영하여 새로운 가격을 형성한다.

유통시장은 다시 거래소시장(exchange market)과 장외시장(OTC market, Over The Counter market)으로 나눌 수 있다. 거래소시장은 거래 상대방 위험(counter-party risk)을 제거한 규격화된 시장이다. 그에 비해 장외시장에서는 비규격 거래가 가능한데, 계약이행이 종료될 때까지 거래 상대방 위험에 노

6 미국 국채의 경우 만기 1년 미만이면 'bill', 1년 이상 10년 이하인 경우에는 'note', 10년 초과인 경우에는 'bond'라고 한다.

출된다.

외환시장

외환시장(foreign exchange market)에서는 환전(currency exchange)이 이루어지고 환율(exchange rate)이 결정된다. 외환거래는 거래 당사자별로 대고객거래, 은행간거래, 중앙은행의 시장개입 등으로 구분된다.

외환시장은 크게 외국환은행과 고객 사이의 거래가 이루어지는 대고객시장(customer market), 외국환은행 간의 거래가 이루어지는 은행간시장(inter-bank market)으로 나눌 수 있다. 통상적으로 외환시장이라고 할 때는 은행간시장을 지칭한다. 은행간시장은 다시 외국환은행 간 직접거래가 이루어지는 장외직접거래시장과 외국환중개회사가 개입하는 장내거래소시장으로 나뉜다.

국제금융(international finance)은 비거주자를 상대방으로 하는 국제적인 자금의 흐름을 말한다. 국제금융시장(international financial market)에는 국제주식시장, 국제채권시장 등이 있으며, 넓게 보면 외환시장도 포함된다. 역사적으로 보면 브레턴우즈체제의 마감에 따른 변동환율제 시대의 개막으로 국제금융시장이 확대되었다.[7]

7 10장 1절(213쪽) 참조.

3.4

금융기관

금융중개(financial intermediation)는 자금공급자와 자금수요자를 연결해주는 일로, 협의로는 자금공급자로부터 자금을 받아 중개자 본인의 계산으로 자금수요자에게 자금을 제공해주는 기능을 가리킨다.

금융시스템에서 자금의 흐름이 이루어지는 2가지 경로 중 하나인 간접금융의 주체인 금융기관은 엄밀히 말하면 금융중개기관(financial intermediaries)이다.[8]

금융중개기관의 첫 번째 형태는 예금금융기관(depository institutions)으로 은행과 저축은행 등이 이에 해당한다. 두 번째

8 금융시장에서 증권의 거래를 알선하는 증권회사 등을 금융중개기관과 구별하여 시장중개기관(market intermediaries)이라 부르기도 한다(한국금융연수원, 2006).

형태는 계약저축기관(contractual savings institutions)으로 보험회사와 연금기금 등을 말한다. 세 번째 형태는 증권회사와 자산운용회사 등의 투자중개기관(investment intermediaries)이다.[9]

금융서비스회사(financial service firms)는 금융시스템의 원활한 운영을 도와주는 신용평가회사, 금융정보회사, 금융자문회사 등을 말한다. 금융중개 기능을 수행하지 않으므로 엄밀한 의미에서는 금융기관이라고 할 수 없으나 금융시스템의 구성인자로 볼 수 있다.

9 이러한 분류체계는 Mishkin and Eakins(2009)를 따른 것이다.

3.5

금융기반

금융기반은 법률 및 회계제도를 비롯한 금융거래 관행과 규제체계를 아우르는 총체적 개념이다. 금융거래의 당사자는 아니지만 금융거래를 지원하고 감독하는 기구를 포함한다. 예금자보호제도와 기관, 국제금융공사(IFC, International Finance Corporation) 같은 국제금융기구도 금융기반의 구성 요소다.

중앙은행은 지급결제시스템의 핵으로 통화를 공급하고 은행 간 청산 업무를 관리한다. 또한 이자율정책을 수단으로 통화량을 관리한다. 이 같은 중앙은행의 통화정책(monetary policy)[10]은 단기적으로 실업률과 성장률에 영향을 주고, 장기적

10 통화정책은 조세와 정부지출이라는 재정수단을 사용하는 재정정책(fiscal policy)과 함께 경제정책의 양대 축을 구성한다.

으로는 물가상승률에 영향을 미친다(이찬근, 2011). 가격 안정성이 효율적 지급결제시스템의 가동을 담보하므로 중앙은행은 물가안정을 최상위 목표로 삼는다. 금융안정과 물가안정이 상보관계에 있으므로 금융시스템의 안정성을 유지하고 강화하는 책무를 수행한다.

우리나라의 대표적인 금융규제기관은 금융위원회와 금융감독원이다. 금융위원회는 건전한 신용질서와 공정한 금융거래 관행을 확립하고 금융 수요자를 보호하는 업무를 수행한다. 금융감독원은 금융위원회의 지도 및 감독을 받아 금융기관에 대한 검사 및 감독 업무를 통해 건전한 금융 소비자를 보호함으로써 국민경제 발전에 기여함을 목적으로 한다.

Financial

4장

화폐의 시간가치

4.1

유동성선호

화폐(또는 현금, money)의 가치(value)는 금액(amount)과 시점(time)에 따라 결정된다. 금액의 크기에 비례하고 시간의 흐름에 반비례한다. 금액 기준은 쉽게 이해되므로 면밀히 살펴야 할 것은 시간 기준이다.

화폐는 시점에 따라 가치가 달라지므로 시간가치를 갖는다고 표현하고, 이를 화폐의 시간가치(time value of money)라고 한다. 같은 금액이라면 현재 보유하고 있는 현금의 가치가 미래 보유하게 될 현금의 가치보다 크다. 즉, 현재 100원의 가치가 1년 후 100원의 가치보다 크다.

존 메이너드 케인스(John Maynard Keynes, 1883~1946)는 경제주체의 화폐 보유 욕구 또는 화폐 수요를 유동성선호

(liquidity preference)로 명명했다.[1] 유동성(liquidity)이란 즉시 화폐로 교환할 수 있는 가능성을 말하며 유동성선호는 현재의 현금을 미래의 현금보다 선호하는 것이다. 유동성선호는 시간선호(또는 시차선호, time preference)와 불확실성(uncertainty)을 원인으로 한다.

(…) 유동성선호의 3가지 종류는 다음과 같은 것에 의존하는 것으로 규정될 수 있을 것이다. 즉, ① 거래적 동기(transaction-motive), 즉 개인적 및 사업적 교환의 경상거래를 위한 현금의 필요, ② 예비적 동기(precaution-motive), 즉 총자산의 일정 비율에 상당하는 가치를 장래를 위한 현금으로 보유하려는 안정성의 욕구, ③ 투기적 동기(speculative-motive), 즉 장래에 일어날 일에 대해 시장보다 더 잘 아는 것으로부터 이윤을 확보하고자 하는 목적이 이것이다. (…) 조직화된 시장이 없는 곳에서는 예비적 동기로 말미암은 유동성선호가 크게 증가할 것이며, 반면에 조직화된 시장이 존재하는 경우에는 투기적 동기로 말미암은 유동성선호가 격심한 기복을 보일 기회가 생길 것이기 때문이다. (…) (거래적 동기는) 다시 소득동기(income-motive)와 영업동기(business-motive)로 세분류될 수 있다.

1 케인스 이전의 고전학파에서는 이자율이 실물요인(저축과 생산성)에 의존하며 통화량은 산출량의 절대 가격 수준을 결정하는 요인으로 이자율과 독립적이라고 보았다. 이를 화폐수량설(Quantity Theory of Money)이라고 한다. 이에 비해 케인스는 통화량과 미래에 대한 전망의 영향을 받는 유동성선호가 이자율을 결정하고, 이것이 실물경제에 영향을 준다고 설명한다.

(…) 소득동기- 현금을 보유하는 하나의 이유는 소득의 수령과 그 지출 사이의 간격에 다리를 가설하고자 함에 있다. (…) 영업동기- (…) 현금은 영업비용이 발생하는 때와 판매대금을 수령할 때 사이에 다리를 놓기 위해 보유되기도 한다(존 메이너드 케인스, 조순 옮김, 2007).[2]

시간선호란 경제주체가 미래 소비보다 현재 소비를 선호한다는 의미로 유동성의 특성인 즉시성을 반영한다. 시간선호는 유한한 존재인 인간이 본능적으로 현재 소비를 선호하는 성향을 원인으로 한다(임석필, 2009).

투자기회(investment opportunity) 및 물가상승(inflation) 가능성도 시간선호를 일으키는 원인이다. 현금의 보유는 투자를 가능하게 해줌으로써 미래에 더 큰 금액의 현금을 보유할 가능성을 제공한다. 또한 물가가 상승하면 화폐의 구매력(purchasing power)이 감소하므로 미래의 현금보다 현재의 현금을 선호하게 된다.

유동성선호에 영향을 주는 불확실성이란 시간의 경과에 따라 미래시점에서 기대와 달리 현금을 보유하지 못할 가능을 뜻한다.

2 투기적 동기란 현재 이자율이 낮은 경우 이자율 상승을 예상해서 추후 금융계약 체결을 통한 더 높은 이자율 수취를 목적으로 화폐를 보유하고자 하는 욕구를 가리킨다.

동일 시점의 금액이 다른 두 현금의 가치를 비교하면 금액이 큰 현금의 가치가 더 크다. 또한 동일 금액의 시점이 다른 두 현금의 가치를 비교할 때 미래의 현금은 현재의 보유 현금을 사용함으로써 포기한 소비의 대가가 더해져야 무차별할 것이다. 이러한 대가를 이자(interest)라 하고, 이를 포기한 소비의 크기를 나타내는 현재의 현금 금액(원금, principal)에 대한 비율로 표시한 것을 이자율(interest rate)이라고 한다. 이처럼 금액과 시점이 다른 두 현금의 가치를 비교하는 것이 우리가 풀어야 할 과제 중 하나다.

그림 4-1에서 확인할 수 있듯이 현재의 소비를 포기하는 대가로 연 10%의 이자율을 요구한다면 현재의 100원과 동일한 가치의 1년 후 현금은 110원이 된다. 소비지연효과의 대가가 동일하다면 1년 후 110원과 가치가 동일한 현재의 현금은 100원이다. 이 경우 앞의 이자율에 대응하는 비율이 할인율(discount rate)이다. 이자율과 할인율은 동일한 것으로 소비지연효과에 대한 대가를 계량화한 결과다. 단지 시점의 이동 방향이 반대일 뿐이다.[3]

3 이자율은 현재시점의 화폐를 미래로 이동시키는 타임머신이다. 시간의 방향을 반대로 하여 미래시점의 화폐를 현재로 이동시키는 타임머신의 이름은 할인율이다. 화폐가 동일한 가치를 보장하는 이자율이라는 타임머신을 타고 미래로 이동하면 금액이 증가하고, 화폐의 가치를 유지시키는 할인율이라는 타인머신을 타고 과거로 이동하면 금액이 감소한다.

그림 4-1 화폐의 시간가치

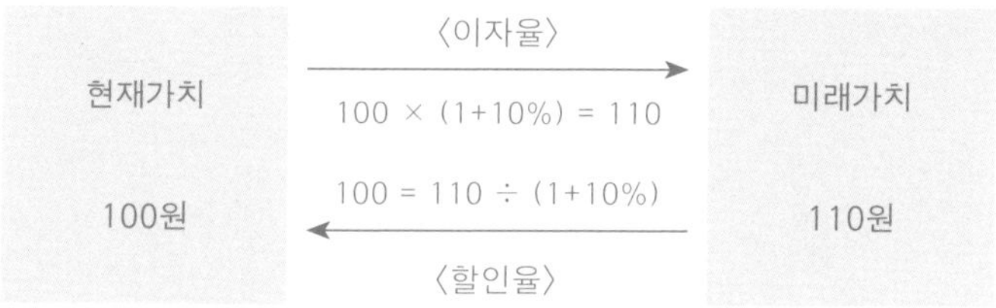

현금을 손에 들고 있다면, 즉 이자를 지급하는 금융자산에 투자하지 않는다면 시간의 경과에 따라 가치가 감소한다.[4] 이를 화폐의 구매력 감소라고 한다. 그러므로 금액이 동일한 현금의 현재가치(PV, Present Value)는 언제나 미래가치(FV, Future Value)보다 크다. 환언하면 가치가 동일한 현금의 미래금액은 언제나 현재 금액보다 크다.

4 현금을 손에 들고 있다는 것은 현재의 현금을 이자율이라는 타임머신에 태우지 않고 단지 시간의 경과에 따라 미래시점을 맞이한다는 것이다. 자금은 흐르면 가치를 증가시킬 수 있지만 멈추면 가치가 감소한다.

4.2

이자율

단리(simple interest)계산은 이자계산 기간 중 발생한 이자에 이자를 부가하지 않는다. 이와 달리 복리(compound interest)계산은 기간 중 발생한 이자에도 이자를 부가한다.[5]

100원을 연이자율 10%의 2년 만기 정기예금에 저축하면 2년 후에 받을 금액은 얼마일까? 단리계산의 경우라면 1년 후 발생한 10원의 이자에 대해 2년차에 이자 계산을 하지 않으므로 120원이 된다. 하지만 복리계산을 따르면 1년 후 발생한 10원의 이자에 대해 2년차에 10%의 이자 1원이 부가되어 121원

5 현재의 화폐가 이자율이라는 타임머신을 타고 미래로 이동하는 과정을 부리과정 또는 복리과정(compounding process)이라 하고, 미래의 화폐가 할인율이라는 타임머신을 타고 현재로 이동하는 과정을 할인과정(discounting process)이라고 한다.

을 받는다.[6] 특별한 조건이 없는 경우 금융계약의 이자계산은 복리계산 방식을 따른다.[7]

표시이자율 vs 실효이자율

연간표시이자율(APR, Annual Percentage Rate)과 연간실효이자율(EAR, Effective Annual Rate)의 구분은 연간이자지급 횟수(compounding frequency)를 고려하는가의 여부에 따른다. 연간실효이자율은 복리계산기간을 고려하므로 연간이자지급 횟수가 1보다 큰 경우 연간표시이자율보다 크다. 연간이자지급 횟수가 1회라면 연간표시이자율과 연간실효이자율은 같다.

1년 만기 정기예금에 100원을 저축할 때 연간표시이자율이 12%로 동일하더라도 연간이자지급 횟수가 다르다면 1년 후 받게 될 만기 원리금에 차이가 난다. 이자지급 횟수가 1회라면 112원을 받지만, 이자지급 횟수가 12회라면 112.68원을 받는다. 두 번째의 경우에는 매월 1%의 이자를 12번 받고 그 과정에

6 단리계산: $100 + 10 + 10 = 100 \times (1 + 0.1 + 0.1) = 120$
복리계산: $100 + 10 + 11 = 100 \times (1 + 0.1)^2 = 121$.

7 고대 함무라비시대(B.C.1792~1750)에도 장기대출의 경우 복리이자가 부과되었다(Ferguson, 2008).

서 발생한 이자에 다시 이자가 붙는 것이다.[8] 첫 번째 경우에는 연간실효이자율이 12%로 연간표시이자율과 동일하지만, 두 번째 경우에는 연간실효이자율이 12.68%로 연간표시이자율보다 크다.

명목이자율 vs 실질이자율

명목이자율(nominal interest rate)과 실질이자율(real interest rate)[9]은 물가상승률을 고려하는가의 여부로 구분된다.

명목이자율은 예상물가상승률을 감안하므로 물가가 상승

8 이자지급 횟수가 1회인 경우: $100 \times (1 + 0.12)^1 = 112$
이자지급 횟수가 12회인 경우: $100 \times (1 + 0.01)^{12} = 112.68$.
연간이자지급 횟수가 셀 수 있는 수인 경우 이산복리(discrete compounding)라 하고, 연간이자지급 횟수가 무한대(∞)인 경우 연속복리(continuous compounding)라고 한다. 연간이자지급 횟수가 2인 이산복리는 이자계산기간이 1/2년(6개월)이고, 연속복리의 이자계산기간은 0에 수렴한다. 이자지급 횟수가 무한대인 경우는 현실에서 찾아볼 수 없지만, 연간이자지급 횟수가 충분히 큰 경우라면 연속복리계산 결과가 이산복리계산 결과와 차이가 크지 않아 미래가치의 근사치를 간단하게 계산할 수 있다. 또한 연속복리를 표현하는 지수함수(exponential function)는 미적분 후에도 형태를 유지하므로 금융이론의 모형 구축에 유리하다(임석필, 2006). 본문의 예에서는 연속복리로 계산할 경우 1년 후 받게 될 금액은 112.75원($\exp[100 \times 0.12] = 112.75$)이고 연간실효이자율은 12.75%다.

9 분배의 한계생산력설(Theory of Marginal Productivity)을 주장한 존 베이츠 클라크(John Bates Clark, 1847~1938)의 1895년 논문에서 처음 소개된 개념이다(Akerlof and Shiller, 2009). 그의 이름을 딴 존베이츠클라크메달은 1940년대부터 미국경제학회 주관으로 40세 이하의 경제학자들 중에서 격년으로 수여되며 노벨경제학상에 버금가는 권위를 갖는다. 존베이츠클라크메달 수상자의 상당수가 이후 노벨경제학상을 수상했다. 소스타인 베블런(Thorstein Bunde Veblen, 1857~1929)이 클라크의 제자였다.

하는 일반적인 상황에서는 실질이자율보다 크다. '(1 + 명목이자율) = (1 + 실질이자율) × (1 + 예상물가상승률)'의 관계가 성립하며, 약식으로 '명목이자율 = 실질이자율 + 예상물가상승률'을 사용한다.[10]

현재시점에서 빵 10개의 소비를 포기(양보)하는 대가로 1년 후 11개의 빵을 요구하는 상황이라면 실질이자율은 10%다. 그리고 현재의 빵 1개 가격은 100원이지만 2%의 물가상승률을 감안할 경우 1년 후에는 102원이 될 것으로 예상된다. 그렇다면 금액으로 표시하여 현재시점에서 1000원(10개 × 100원)을 포기하는 대가로 1년 후 1122원(11개 × 102원)을 요구하는 것이다. 명목이자율은 12.2%이고, 약식으로 계산하면 12%다.[11]

이와 마찬가지로 현금흐름은 명목현금흐름(nominal cash flow)과 실질현금흐름(real cash flow)으로 나눌 수 있다. 가격도 특정 시점의 가격인 명목가격(nominal price. 경상가격(current

10 계량경제학의 창시자 중 한 사람인 어빙 피셔(Irving Fischer, 1867~1947)의 이름을 따서 피셔방정식(Fischer equation)이라고 한다. '명목이자율 = 실질이자율 + 예상물가상승률 + 실질이자율 × 예상물가상승률'에서 '실질이자율 × 예상물가상승률'은 매우 작은 수이기 때문에 약식에서는 무시한다. 명목이자율은 확인이 가능하고 모두에게 동일하지만, 실질이자율(또는 실질금리)은 눈에 보이지 않고 개별 경제주체의 마음속에서만 존재한다. 명목이자율이 10%일 때 5%의 물가상승률을 예상하는 甲(갑)이 생각하는 실질이자율은 약 5%이고, 4%의 물가상승률을 예상하는 乙(을)이 생각하는 실질이자율은 약 6%다.

11 약식으로 계산하면 명목이자율 = 실질이자율 + 예상물가상승률(12% = 10% + 2%).

price)이라고도 함)과 명목가격 기준시점의 구매력으로 조정한 실질가격(real price. 불변가격(constant price)이라고도 함)의 2가지로 표시할 수 있다.[12] 명목가격이 110원이고 기준시점의 물가지수가 100, 현재시점의 물가지수가 110이라면 실질가격은 100원이다.[13] 명목현금흐름은 경상가격으로 측정한 현금흐름이고, 실질현금흐름은 투자실행 시점의 불변가격으로 측정한 현금흐름으로, 물가상승으로 인한 구매력 감소효과를 제거한 현금흐름이다.

인류의 자산가치는 끊임없이 증가해왔다. 화폐의 가치는 이러한 실물자산의 가치 상승분만큼 하락해왔는데, 이것이 바로 인플레이션(inflation, 물가상승)이다. 일반적으로 완만한 인플레이션 상황은 만족스럽지만, 디플레이션(deflation, 물가하락) 상황에서는 고통을 느낀다. 대부분 경제주체의 소득은 소수 품목의 재화와 용역의 판매로부터 발생하지만, 소비는 다수 품목의 재화와 용역을 대상으로 이루어지기 때문이다. 따라서 소득의 원천이 되는 재화와 용역의 가격 정보에 민감하고 가격 상승을 정당한 대가로 인식하여 만족해하지만, 가격 하락은 소득의 감소를 의미하기에 불행으로 간주한다. 반면에 품목의 다양성

12 빈번한 시장거래를 통해 특정한 값으로 결정된 자산의 가치(value)를 가격(price)이라고 한다.

13 불변가격 = 경상가격 / (현재시점 물가지수 ÷ 기준시점 물가지수) = 110 / (110 ÷ 100) = 100.

으로 소비의 대상이 되는 재화와 용역의 가격 정보 및 동향에는 둔감하다. 그러므로 전반적인 가격 상승으로 인한 구매력 감소에는 민감하지 않다(Friedman, 1994).

현물이자율 vs 선도이자율

현물이자율(spot rate)은 현재시점에서 확인할 수 있는, 기산점이 현재인 이자율을 말한다. 만기 1년 정기예금 이자율이 1.0%이고 만기 2년 정기예금 이자율이 1.5%라면, 1년 현물이자율은 1.0%, 2년 현물이자율은 1.5%다.

선도이자율(forward rate)은 현재시점에서 정해진 미래의 특정 기간에 대한, 기산점이 미래인 이자율을 말한다. 위의 경우라면 1년 후 시점부터 2년까지 기간의 선도이자율은 2.0%다.[14]

14 $(1 + 0.0150)^2 = 1.0302 = (1 + 0.0100) \times (1 + f)$, f = 0.0200.

4.3

위험과 수익률

위험

불확실성은 눈으로 확인할 수 있는 현재시점에서 바라보는 미래의 막연함이다. 금융 의사결정을 포함한 대부분의 의사결정은 미래의 불확실성을 예상하며 이루어진다. 의사결정의 질을 높이려면 불확실성에 대한 면밀한 고려가 필요하다. 프랭크 나이트(Frank Hyneman Knight, 1885~1972)의 등장 이후로 사람들은 사전에 계산 가능한 불확실성을 위험(risk)으로 구분하기 시작했다.[15]

15 1921년에 논문 〈위험과 불확실성 및 이윤(Risk, Uncertainty, and Profit)〉을 발표했다. "앞으로 일어날 사건의 확률분포를 객관적으로 아는 경우를 위험(Knightian risk)이 있는 사건이라고 했고, 그렇지 못한 경우를 불확실성(Knightian uncertainty)이 있는 사건이라고 하여 양자를 명확히 구별한다(Beinhocker, 2006)." 역서(안현실 · 정성철, 2015) 인용.

금융 의사결정에서의 위험은 미래 현금흐름의 변동(가능)성(volatility)이다. 이것은 미래의 상황별 기대 현금흐름의 분산(variance) 또는 표준편차(standard deviation)를 계산하여 관리한다. 확실성을 선호하는 인간의 본능에 기인하는 태도가 위험회피(risk averseness)다. 그러나 사람에 따라서 또는 상황별로 위험에 중립적이거나 위험을 선호하는 행동을 취할 수도 있다. 이렇게 위험에 대한 상이한 취향을 위험성향(risk appetite)이라 하고, 위험성향에 따라 개별 경제주체 각각을 위험회피자(risk averter), 위험중립자(risk neutralist), 위험선호자(risk lover)로 나눌 수 있다.

수익률

현금흐름의 시간상 배분에서 현재 소비의 포기는 무언가로 보상되어야 한다. 이러한 보상은 시간보상(time premium)과 위험보상(risk premium)으로 구성된다. 시간보상은 시간선호를 포기하는 대가로 주어지는 보상이고, 위험보상은 불확실성을 부담하는 것에 대한 보상이다. 시간보상과 위험보상을 현재의 현금 액수에 대한 비율로 표시한 것을 수익률(rate of return)이라고 한다.[16]

16 이자율과 수익률은 모두 화폐의 시간가치를 의미한다. 미래 현금흐름의 크기가 확정된 은행예금의 경우 이자율로, 확정되지 않은 현금흐름의 시간상 배분(주식 및 채권투자 등)의 경우에는 수익률로 달리 지칭할 뿐이다.

표 4-1 위험과 기대수익률(1)

현재 현금흐름	전망	확률	미래 현금흐름
100원	낙관	1/3	110원
	보통	1/3	100원
	비관	1/3	90원

사후적 수익률 확인이 아닌, 현재시점의 확실한 현금흐름과 미래의 불확실한 현금흐름의 크기로 계산하는 수익률을 기대수익률(expected rate of return)이라고 한다. 기대수익률은 과거의 자료를 참고한 주관적 전망에 따라 결정된다.

현재시점에서 포기한 현금흐름의 대가로 미래에 받게 될 현금흐름이 표 4-1과 같은 경우 위험과 기대수익률을 계산해 보자.

기대수익률은 확실한 현재 현금흐름과 불확실한 미래 기대현금흐름을 비교하여 계산한다. 기대현금흐름은 각각의 상황별 확률에 미래 현금흐름을 곱하여 계산한다. 기대현금흐름은 100원이고, 기대수익률은 0%다.[17]

17 기대현금흐름: 110 × 1/3 + 100 × 1/3 + 90 × 1/3 = 100
기대수익률: 100 ÷ 100 − 1 = 0.

위험은 상황별 수익률이 기대수익률로부터 이격된 크기로 계산한다. 낙관적 상황의 기대수익률은 10%, 보통 상황의 기대수익률은 0%, 비관적 상황의 기대수익률은 -10%이므로 분산으로 측정한 위험은 0.0067이다.[18]

위험과 기대수익률

위험회피자에게 위험과 기대수익률은 상반관계(trade-off)다. 더 높은 수익률을 원하면 더 큰 위험을 부담해야 하고, 위험을 부담하지 않으려면 낮은 수익률을 감수해야 한다.

현재시점에서 100원을 투자하는 4가지 선택의 1년 후 예상 결과가 표 4-2와 같다고 가정해보자.

표 4-2 위험과 기대수익률(2)

선택	낙관	(1/2)	비관	(1/2)	기대현금흐름	기대수익률
A	110원	10%	110원	10%	110원	10%
B	130원	30%	90원	-10%	110원	10%
C	140원	40%	80원	-20%	110원	10%
D	140원	40%	90원	-10%	115원	15%

18 분산: $[(0.1 - 0)^2 + (0 - 0)^2 + (-0.1 - 0)^2] \times 1/3 = 0.0067$.

누구든 3가지 선택(A ,B, C)이 가능한 상황이다. 3가지 선택의 기대현금흐름이 동일하므로 기대수익률도 동일하다. 위험은 기대수익률과 상황별 수익률의 이격 정도를 나타내므로 A, B, C 순으로 위험이 증가함을 알 수 있다. 위험회피자는 기대수익률이 동일하므로 위험이 제일 작은 A를 선택한다. 위험중립자는 기대수익률만으로 의사결정을 하므로 3가지 선택이 무차별하다. 위험선호자는 기대수익률이 동일하므로 위험이 제일 큰 C를 선택한다.

4가지 선택(A, B, C, D)이 가능한 상황은 어떨까? 위험회피자는 A와 D 중에서 선택할 것이다. D는 A보다 기대수익률이 높지만 위험도 크다. 만약 위험회피자가 A와 D를 무차별하다고 판단했다면 A 대비 D의 증가한 위험에 대해 5%의 기대수익률 제고 또는 5원의 기대현금흐름 증가를 위험보상으로 원하고 있는 것이다.

위험과 기대수익률이 상반관계라고 해서 위험한 선택이 결과적으로 높은 수익률을 보장하는 것은 아니다. 미래에 기대수익률이 확정적으로 실현되는 것이 아니라 여러 상황 중에서 하나가 실제로 발생함으로써 수익률이 확정되는 것이다. 표 4-2의 경우 각각의 선택은 미래에 2가지 상황 중 하나로 실현된다. B를 선택하면 30%의 수익률이 실현되거나 -10%의 수익률이 발생한다. 기대수익률은 사전수익률(ex ante rate of return)이고 실현수익률(realized rate of return)은 사후수익률

(ex post rate of return)이다.

사람들의 일반적인 태도로 위험회피 성향을 상정하는 경우가 많지만 위험회피자만 합리적 경제인인 것은 아니다. 동일한 개인도 상황에 따라 다른 선택을 할 수 있고, 때로는 이 선택이 더 합리적일 수도 있다. 선택을 위해 부담하는 현금의 크기가 작다면 표 4-2에서 3가지 선택(A ,B, C)은 무차별할 수 있고, 오락적 쾌감을 위해 C를 선택할 수도 있다.

좀 더 특수한 상황을 가정해보자. 위험회피자인 甲(갑)은 1년 후 140원의 비용이 드는 수술을 받지 않으면 사망하게 되고, 현재 소유한 부의 총액은 100원이다. 이때 甲(갑)의 합리적 선택은 뭘까? C다. A나 B를 선택하면 확실히 사망할 것이고, C를 선택하면 50%의 확률로 생존할 수 있기 때문이다.

위험성향은 상황에 따라 달라질 수 있다. 다만 일반적인 상황에서는 다수가 위험회피자인 것으로 가정하는 것이 올바른 인식이다.

4.4

이자율의 기간구조

개별 금융계약에 적용되는 이자율을 결정하는 요인은 외부요인과 내부요인으로 나눌 수 있다. 외부요인은 금융계약 외부에서 결정되는 요인으로, 이자율이 적용되는 기간의 경제체제 구성원의 시간선호 수준과 경제체제의 한계생산성(marginal productivity) 및 예상물가상승률 등이다. 내부요인은 금융계약 내부에서 결정되는 요인으로, 계약기간과 계약 당사자의 신용도 등이다. 이 중에서 계약 당사자의 신용도는 위험보상으로, 나머지 요인들은 시간보상으로 이자율에 영향을 미친다.

이자율과 시간보상의 관계는 이자율의 기간구조(term structure of interest rates)로, 이자율과 위험보상의 관계는 이자율의 위험구조로(risk structure of interest rates)로 살필 수 있다.

이자율의 기간구조는 단기이자율과 장기이자율의 관계를 말하며, 이를 도식화한 것이 수익률곡선(yield curve)이다.[19]

이자율의 기간구조를 설명하는 이론으로는 장단기 이자율의 차이가 선도이자율에 의해 결정된다고 보는 견해(불편기대이론, Unbiased Expectation Theory), 장기금리에는 유동성 포기에 대한 보상이 반영된다는 견해(유동성프리미엄이론, Liquidity Premium Theory), 금융시장은 선호하는 만기에 따라 구분되고 해당 하위 시장의 수급에 따라 이자율이 결정된다는 견해(시장분할이론, Market Segmentation Theory 그리고 선호영역이론, Preferred Habitat Theory)[20] 등이 있다.

이자율의 위험구조에 대해서는 다음 페이지에서 설명한다.

19 1년 이자율이 3%, 2년 이자율이 4%, 3년 이자율이 5%라면, 가로축에 만기를 표시하고 세로축에 이자율을 표시한 수익률곡선은 만기가 길어질수록 우상향의 모습을 보이게 된다.

20 시장분할이론은 시장의 완벽한 분할을 주장하고, 선호영역이론은 이보다는 약한 시장의 분할을 주장한다. 선호영역이론에서는 시장분할이론 대비 만기별 시장 구분의 정도가 완화된다.

4.5

이자율의 위험구조

이자율의 위험구조는 자금공급자가 부담하는 위험과 이자율의 관계를 말한다. 이러한 위험은 자금수요자의 신용도에 따라 달라진다.

가상의 거래를 통해 이자율의 위험구조를 살펴보면 다음과 같다.

甲(갑)이 乙(을)에게 100원을 빌려주는 금융계약을 체결했다. 대출기간은 1년이고 이자율은 10%다. 乙(을)은 1/2의 확률로 계약을 완전히 이행할 수 있고, 1/2의 확률로 원금만 상환할 수 있다. 현재 만기가 1년인 무위험국채의 수익률은 3%다. 기대현금흐름은 105원이고, 기대수익률은 5%다. 이런 경우에 이자율의 위험구조를 도식화하면 그림 4-2와 같다.

그림 4-2 이자율의 위험구조

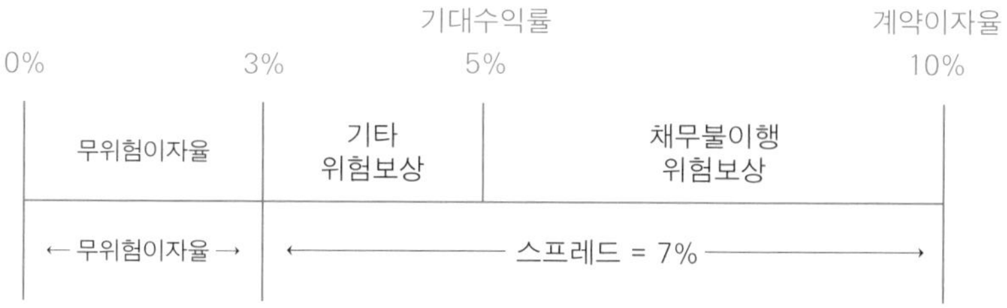

무위험이자율(risk free rate)은 시간보상의 결과다. 해당 기간의 예상물가상승률이 1%라면 실질무위험이자율은 2%이고, 명목무위험이자율은 3%다. 계약이자율 10%에서 무위험이자율을 뺀 7%를 스프레드(spread)라고 하는데, 이는 위험보상의 결과다.

기대수익률과 무위험이자율의 차이인 2%는 채무불이행위험(default risk)을 제외한 유동성위험(liquidity risk) 및 중도상환위험(prepayment risk) 등 기타 위험에 대한 보상이고, 계약이자율과 기대수익률의 차이인 5%는 채무불이행위험에 대한 보상이다.[21]

21 일반적으로 요구수익률(required rate of return)은 기대수익률(expected rate of return)과 동의어로 사용된다. 그러나 요구수익률을 기대수익률과 구분하여 계약이자율의 개념으로 이해하여 사용하는 방법도 고려할 만하다. 그림 4-2의 경우 채무불이행위험이 존재하므로 금융계약 체결 시점에서 10%의 이자율을 요구하고(요구수익률) 5%의 수익률을 기대했다고(기대수익률) 하면 쉽게 이해할 수 있다.

4.6

화폐착각

화폐착각(또는 화폐환상, money illusion)은 실질가격보다는 명목가격에 관심을 쏟는 현상을 말한다. 즉, 명목가격이 경제적 의사결정을 좌우할 때 발생한다.

1960년대 후반, 경제학의 중심에는 합리적 경제인(Homo Economicus, rational economic man)[22]에 대한 가정이나 믿음이 확고하게 자리를 잡았다. 하지만 그전까지 화폐착각은 일반적으로 인정되는 현상이었다.[23]

22 "'Homo Economicus'라는 용어는 'Homo Sapiens'를 비꼬아 만든 조어다. 호모사피엔스는 본래 라틴어로 '현명한 사람'이라는 뜻이지만, 호모이코노미쿠스는 현명함에도 정도가 있다는 뜻을 암시하고 있다(도모노 노리오, 이명희 옮김, 2007)."

23 화폐착각으로 인한 소득증가 인식 착오는 침체된 경기를 회복시키는 수요증가를 자극하기도 한다.

어빙 피셔(Irving Fischer)는 1928년작 《화폐착각(The Money Illusion)》에서 물가상승률을 인식하지 못하고 명목가격에 집착함으로써 저지르게 되는 실책을 지적했다. 케인스(John Maynard Keynes)도 노동자들의 명목임금 중시 현상을 인정했다. 그러다가 1960년대 후반 밀턴 프리드먼(Milton Friedman, 1912~2006)이 노동자는 명목임금이 아니라 실질임금을 임금협상의 대상으로 삼는 합리적 결정자라고 주장하면서부터 화폐착각은 주류 경제학의 논의에서 사라지게 되었다. 이는 경제학의 과학화를 바라던 많은 학자들을 만족시켰고(Akerlof and Shiller, 2009)[24], 화폐착각의 부재는 주류 거시경제학의 핵심 가정이 되었다.

이제 화폐는 베일(veil, 망사)에 불과하다. 인간은 베일 너머의 물가상승률을 명확히 인식하는 존재로 여겨진다. 하지만 여전히 일상생활에서는 화폐착각의 사례를 어렵지 않게 목격할 수 있다. 명목임금의 삭감과 소비재의 명목가격 상승에 대한 강력한 저항과 반감이 존재하는 것만 봐도 알 수 있다. 장기 금융계약에서는 실질구매력을 보장하는 물가지수연동 조항이 적극 반영되지 않고, 회계 기록 역시 명목 기준으로 작성됨으로써 화폐착각을 유지, 강화한다. 어쩌면 인간은 우리가 믿고 있는 것만큼 합리적 경제인이 아닐지도 모른다.

24 "과학적이라는 말은 전제된 행동이 극대화의 원칙에 따라야 하며 야성적 충동의 영향을 받지 말아야 한다는 것을 뜻했다." 역서(김태훈, 2009) 인용.

로버트 루카스(Robert Emerson Rucas, 1937~)는 1995년 거시경제 분석의 틀을 바꾸고 경제정책의 이해를 심화시킨 공로로 노벨경제학상을 수상했다.[25] 그의 합리적기대가설(Rational Expectation Hypothesis)은 경제주체가 이용 가능한 모든 정보를 활용하여 상황 변화를 합리적으로 예측한다고 주장한다. 실제로 그럴까? 완벽한 합리성의 비현실성은 일상생활에서 쉽게 목격할 수 있고 많은 실증 연구에서도 확인되었다. 하지만 주류 경제학에서는 강력한 옹호론이 여전하다(도모노 노리오, 이명희 옮김, 2007).

첫째, 프리드먼의 주장이다. 그는 이론의 타당성 여부는 예측 가능성으로 결정되는 것이지 가정이나 전제의 현실성은 논할 필요가 없다고 말했다. 그러나 무료봉사나 무인판매의 사례는 합리성 가정의 예측 가능성을 부정한다.

둘째, 도태론이다. 비합리적 경제주체는 시장에서 배제된다는 것이다. 그러나 프리드먼의 옹호론을 부정하는 사례는 도태론도 지지하지 않는다.

셋째, 잠정론이다. 더 나은 대안이 없으므로 잠정적으로 합리성을 인정할 수밖에 없다는 것이다.

넷째, 경제학은 기술적(descriptive) 이론이 아니라 규범적(normative) 이론이므로 실제 행동이 아니라 행동의 당위를

25 루카스는 새고전파 경제학(New Classical Economics)을 주도했고, 박사학위 지도교수는 프리드먼이었다.

설명해야 한다는 것이다. 그러나 실제를 설명하지 못하면서 당위를 주장하는 이론의 유효성은 받아들이기 어렵다.

우리는 이미 완벽한 합리성보다 나은 대안을 갖고 있다. '제한된 합리성(bounded rationality)'과 '만족화 모형(satisfying model of decision-making)'으로 1978년 노벨경제학상을 수상한 허버트 사이먼(Herbert Alexander Simon, 1916~2001)은 인간의 합리성은 의사결정 과정에서 다양한 고려사항, 인지적 한계, 시간 제약으로 제한된다면서 최적의 결정보다는 만족스러운 해결책을 찾게 된다고 말했다.

완벽한 합리성의 실현은 현실적으로 불가능하다. 합리성 추구를 위한 모든 정보가 주어지지도 않을뿐더러 정보처리 능력도 무한하지 않기에 인간의 합리성은 제한될 수밖에 없다. 제한된 합리성에 대한 이해는 대니얼 카너먼(Daniel Kahneman)과 아모스 트버스키(Amos Tversky)에 의해 행동경제학(behavioral economics)으로 발현되었고, 리처드 탈러(Richard Thaler)에 의해 행동금융학(behavioral finance)으로 확장되었다(크리스토퍼 시, 양성희 옮김, 2011).

Financial

5장

금융시장의 효율성

5.1

시장의 효율성

시장의 효율성은 3가지 측면에서 살펴볼 수 있다.

첫째, 거래의 마찰 요소가 없어 원활한 거래가 가능한 경우 운영효율성(operational efficiency)을 충족한 시장이라고 한다.

둘째, 해당 정보가 신속하고 충분하게 가격에 반영되는 경우 정보효율성(informational efficiency)을 충족한 시장이라고 한다.

셋째, 수요자와 공급자 간에 최적의 자원배분이 이루어지는 경우 배분효율성(allocational efficiency)을 충족한 시장이라고 한다.

이 3가지 효율성을 모두 충족한 시장을 완전시장(perfect market)이라고 한다.[1]

1 참고로 완비시장(complete market, Arrow-Debreu market)은 시장 참가자들이 원하는 모든 거래 객체(상품)가 존재하는 시장을 말한다.

금융시장에서 가장 중요한 기능을 하는 가격과 관련된 정보효율성이 충족된 시장을 효율적 시장(efficient market)이라고 한다. 정보의 신속한 반영은 정보의 공개와 가격의 변동 사이에 시간 지연이 없음을 뜻한다. 정보의 충분한 반영은 정보의 가치만큼 가격 변동이 이루어진다는 뜻이다.

시장효율성(market efficiency)의 본질적 내용은 균형(equilibrium)의 달성과 회복을 보장하는 것이다. 균형가격에서는 소비자와 생산자의 효용극대화 조건이 충족된다.[2] 가격이 균형에서 이탈하면 수요와 공급(supply and demand)이라는 조절장치에 의해 균형이 회복된다. 공급이 수요를 초과하면 가격이 하락하고, 이는 다시 수요 증가를 자극한다. 수요가 공급을 초과하면 가격이 상승하고, 이는 다시 공급 증가를 야기한다. 이러한 관점에서 시장은 부(-)의 피드백(negative feedback) 방식으로 작동한다고 말할 수 있다.

2 MU(x)/MU(y) = Px/Py = MC(x)/MC(y). 등식의 왼쪽은 한계효용비율이 가격비율과 같은 소비자 효용극대화 조건이고, 등식의 오른쪽은 가격비율이 한계비용비율과 같은 생산자 효용극대화 조건(이윤극대화 조건)이다.

5.2

—

효율적시장가설

효율적시장가설

20세기 초 프랑스의 수학자 루이 바슐리에(Louis Jean-Baptiste Alphonse Bachelier, 1870~1940)와 20세기 중반 영국의 통계학자 모리스 켄달(Maurice George Kendall, 1907~1983)은 주가 변동의 무작위성을 확인했다. 그런데도 바슐리에의 주장은 오랜 기간 무시되었고[3], 켄달의 발견은 한동안 잘못 해석

3 바슐리에는 1900년의 박사학위 논문(Théorie de la Spéculation, 투기이론)에서 주가 변동을 확률과정으로 묘사했고, 이것이 옵션가격 계산의 기초가 되었다. 바슐리에의 박사학위 지도교수는 '과학을 위한 과학'을 표방한 앙리 푸앵카레(Jules-Henri Poincare, 1854~1912)였는데, 제자가 쓴 논문의 중요성을 인정하지 않아 오랜 시간 빛을 보지 못하게 만들었다. 결국 바슐리에의 논문은 미국의 이론경제학자 폴 새뮤얼슨(Paul Anthony Samuelson, 1915~2009)에 의해 파리의 한 도서관에서 발견되어 1964년 학술지에 다시 게재됨으로써 세상에 알려졌다. "그 후 1954년 레너드 새비지(Leonard Jimmie Savage)라는 통계학자가 시카고대학의 서고를 뒤지다가 먼지가 가득 낀 바슐리에의 1914년 논문을 발견했다. 새비지는 관심을 갖게 되었고 폴 새뮤얼슨에게 그 논문의 내용에 대해 편지를 썼다. 새뮤얼슨도 바슐리에의 논문을 소르본대학에서 입수했고, 그의 영향력에 힘입어 주가예측불가능가설(Random-Walk Hypothesis)은 전통 금융학의 근간이 되었다(Beinhocker, 2006)." 역서(안현실 · 정성철, 2015) 인용.

되었다. 무작위적 주가 변동은 처음에는 주식시장에 내재된 비합리성의 결과로 이해되다가 시간이 흐르면서 시장효율성의 증거로 자리 잡게 되었다.

시장이 효율적이라면 최소한 현재시점에서 공개된 모든 정보가 가격에 반영되고 새로운 정보의 제공만이 주가 변동을 야기한다. 현재시점에서의 새로운 정보란 예상할 수 없는 정보이므로 미래의 가격을 예측할 수 없다는 것이 논리적으로 타당하다. 이후 유진 파마(Eugene Fransis Fama)를 중심으로 시장효율성에 대한 수학적 모형 구축을 위한 노력이 진행되었고 시장효율성에 대한 인정이 주류 학계의 중심에 서게 된다.

효율적시장가설(EMH, Efficient Market Hypothesis)은 금융시장의 효율성을 지지하는 주장이다. 금융시장에서 투자자들은 부담하는 위험에 상응하는 정상수익(normal return)을 초과하는 비정상수익(abnormal return) 또는 초과수익(excess return)을 얻을 수 없다는 것이다.[4] 거래가격이 이미 정보를 반영하고 있으므로 거래를 위한 예측에 영향을 준 정보로 인한 가격 변화는 더 이상 없을 것이기 때문이다.

4 무작위적 가격 변동이 반복된다면 이 과정을 정규분포로 나타낼 수 있다. 과거 실적으로부터 분산을 측정하여 이것이 미래에도 반복된다고 기대한다면 수익률의 정확한 분포를 특정할 수 있다. 수익률은 이론(theory)으로부터 도출되는 형태(shape)와 역사적 자료(history)로부터 결정되는 범위(range)로 정의할 수 있는 확률분포를 따른다(Cooper, 2009).

효율적시장가설의 주장은 수요와 공급의 원리에 따라 시장이 스스로 균형을 찾아간다는 통상적인 주류 경제학(conventional economics, mainstream economics)의 시각과 맥을 같이한다. 주류 경제학은 시장의 가격조정 기능을 신뢰하기에 자유방임경제학(laissez-faire economics)으로도 불린다.

시장효율성은 최적의 자원배분과 안정적 균형 달성을 보장한다. 그러나 현실에서는 수요와 공급의 원리가 제대로 작동하지 않는 경우를 어렵지 않게 목격할 수 있다. 가격 상승을 쫓아 공급이 곧바로 증가할 수 없는 희소한 사치재의 경우가 대표적이다. 이와 관련하여 소스타인 베블런(Thorstein Bunde Veblen)은 '과시적 소비(conspicuous consumption)'라는 표현으로 높은 가격이 수요를 창출하는 현상을 설명했다.[5] 그러나 주류 경제학에서는 이러한 경우를 특이 사례로 한정하고 일반적 상황과는 무관하다며 의미를 축소한다.

효율적시장의 유형

시장효율성의 정도는 가격에 반영되는 정보의 범위에 따라 구분할 수 있다. 약형(weak form), 준강형(semi-strong form) 및 강형 효율적 시장(strong form efficient market)으로 나눌 수 있다. 이를 도식화하면 그림 5-1과 같다.

5 이러한 재화를 지위재 또는 위치재(positional goods)라고 한다.

그림 5-1 효율적 시장 유형

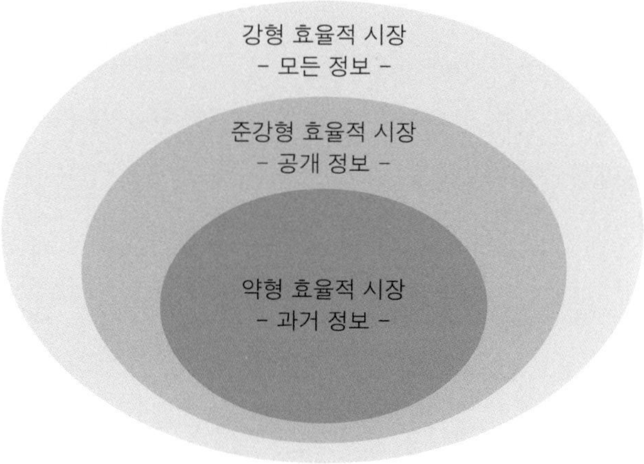

약형 효율적 시장은 과거의 가격이나 거래량과 같은 역사적 정보(historical information, 또는 과거 정보)가 현재의 가격에 반영되어 있는 시장을 말한다. 약형 효율성을 인정한다고 해도 과거 주가의 움직임에 기초한 기술적 분석(technical analysis)의 유효성은 인정되지 않는다.[6] 준강형 효율적 시장은 공개 정보(public information)가 현재의 가격에 반영되어 있는 시장을 말한다. 따라서 공개 정보의 분석으로 평가한 내재가치(intrinsic

6 그럼에도 불구하고 기술적 분석이 여전히 주목받고 이용되는 이유는 일시적으로 효율성이 무너지는 빈 공간을 찾고자 함이라는 견해가 있다.

value)[7]와 시장가격(market price)의 비교를 통한 근본적 분석(fundamental analysis) 및 이에 따른 거래 전략으로는 초과수익을 얻을 수 없다.[8] 강형 효율적 시장은 이용 가능한 모든 정보(all available information)가 현재의 가격에 반영되어 있는 시장을 말한다. 모든 정보에는 내부정보(inside information)도 포함되므로 내부자거래(insider trading)를 통하더라도 초과수익을 얻을 수 없다.

시장이 강형 효율성을 충족하면 준강형 효율성과 약형 효율성도 충족하는 것이다. 모든 정보에 공개 정보가 포함되고 과거 정보도 공개 정보의 일부이므로 그림 5-1과 같은 관계가 성립한다. 그림에서 보듯이 강형 효율적 시장은 동시에 약형 효율적 시장을 의미하지만, 약형 효율적 시장이 준강형 효율적 시장을 의미하지는 않는다.

효율성의 유형은 정보의 발생, 공개, 취득 시점의 관계에

7 "가격에서는 언제나 현 시세가 적정가지만, 적정가라는 가격 자체는 매수자와 매도자의 심리적 불균형까지 반영한 것이라는 점을 기억하자. 다만 여기서 심리적 불균형을 제외한 가격을 내재가치라고 볼 수 있는데, 이것은 플라톤(Plato, B.C.427~B.C.347)의 이데아(Idea)처럼 어디까지나 가상 속에서만 존재하는 가격이다(박경철, 2006)."

8 내재가치를 이용하는 분석(근본적 분석)은 주가가 내재가치로 수렴한다는 믿음에 근거하므로 효율적시장가설의 무작위적 주가변동과 배치되는 것으로 보이지만, 이것이 오히려 시장효율성을 입증하는 증거가 된다. 내재가치에 영향을 주는 새로운 정보를 사전에 알 수 없으므로 주가변동의 무장위성은 오히려 근본적 분석을 지지하는 것이다(이찬근, 2011).

따라 구분할 수도 있다. 세 시점이 일치하면 강형 효율성을 충족한다. 정보가 발생 시점에서 모두 공개되고 모든 시장 참여자가 해당 정보를 취득하는 경우를 말한다. 정보 공개와 취득 시점이 일치하면 준강형 효율성을 충족한다. 약형 효율성 시장에서는 정보 발생과 공개에 시차가 발생하고 정보 공개 시점에서 일정 시간이 경과한 후 가격에 반영된다.

효율성 검증

약형 효율성은 주가 변동의 추세를 확인하는 통계분석으로 검증할 수 있다. 검증 결과, 주가 변동의 무작위성이 확인되어 자본시장의 약형 효율성 가설이 인정되었다. 준강형 효율성은 새로운 정보 공개와 가격 변동의 동시성을 살핌으로써 검증할 수 있는데, 주류 학계에서는 자본시장의 준강형 효율성을 인정한다. 자본시장의 강형 효율성은 내부자거래의 초과수익 실현이 확인되어 인정되지 않는다.

자본시장의 효율성에 대해서는 다양한 반례(反例)가 존재한다. 시장의 효율성에 위배되는 이러한 예들을 이례현상(market anomalies)이라고 한다.[9] 자본시장에서는 인간의 심

9 대표적인 이례현상인 주말효과(weekend effect)는 다른 요일에 비해 금요일의 주가가 높고 월요일의 주가가 낮은 현상을 말한다. 기업 규모효과(size effect)는 소기업효과(small firm effect)라고도 하는데, 소형주의 수익률이 위험조정 이후에도 대형주의 수익률보다 높은 현상을 말한다. 이 외에도 많은 이례현상을 찾을 수 있다.

리적 요인을 완벽히 배제할 수 없으므로 시장의 효율성을 기계적으로 완전히 신뢰하는 것은 무리다. 케인스(John Maynard Keynes)의 유명한 '미인선발대회(beauty contest)' 비유가 이를 잘 말해준다. 미인선발대회에서 최고의 미인으로 선발될 사람을 맞추려면 심사위원들이 미인으로 판단할 사람을 찾아내야 한다. 마찬가지로 주식투자에서도 투자자들에 의해 최고의 가치로 평가받을 주식을 선택해야 한다. 그렇다면 설사 주가가 과대평가 상태라고 해도 더 높은 가격에 매입할 투자자의 의향만 있다면 주식을 매입함으로써 투자에서 성공을 거둘 수 있을 것이다.

5.3

금융불안정성가설

금융불안정성가설

하이먼 민스키(Hyman Philip Minsky, 1919~1996)[10]는 효율적시장가설의 대척점에 서서 금융시스템의 내재적 불안정성(intrinsic instability)을 강조한 금융불안정성가설(FIH, Financial Instability Hypothesis)을 주장했다.[11] 가격 변동은 금융시스템

10 민스키는 하버드대학에서 조지프 슘페터(Josheph Alois Schumpeter, 1883~1951)에게 논문지도를 받던 중 슘페터의 갑작스러운 사망으로 바실리 레온티예프(Wassily Wassilyovich Leontief, 1906~1999)의 지도로 박사학위를 마쳤다. 레온티예프는 1973년 '산업연관분석(inter-industry analysis)'으로 노벨경제학상을 수상했다.

11 존 스튜어트 밀(John Stuart Mill, 1806~1873), 앨프리드 마셜(Alfred Marshal, 1842~1924), 크누트 빅셀(Knut Wicksell, 1851~1926), 어빙 피셔(Irving Fisher)의 아이디어를 통합한 것으로 평가받는다(Cooper, 2008).

외부에서 발생한 새로운 정보의 반영 결과라는 효율적시장가설과 달리 내재가치의 변화와 무관한 사소한 충격에도 급격한 가격 변동이 가능한 금융시스템의 취약성을 강조했다.

효율적시장가설을 주장하는 주류 경제학에서는 소비재(consumption goods)시장을 중심으로 수요공급의 원리에 따른 가격 변화를 설명한다.[12] 그러나 생산재(production goods)나 자본자산(capital asset) 시장에서 안정적인 가격조정 기능과 이를 통한 균형 달성을 찾아보기는 어렵다. 자본자산에 대한 투자는 일정 수준의 희소가치를 보유한 자산의 탐색 과정이므로 소비재시장처럼 수요의 증가가 공급의 증가를 자극하지 못한다. 그러므로 특정 자산의 희소성이 강화된다는 신호로 해석될 만큼의 가격 상승은 베블런(Thorstein Bunde Veblen)이 말한 과시적 소비재와 마찬가지로 추가적인 가격 상승을 불러온다. 이로써 우리는 거품(bubbles)과 붕괴(busts)의 가능성을 탐지할 수 있고, 이러한 가능성을 인정하지 않는 효율적시장가설의 불완전성을 이해할 수 있다(Cooper, 2009).[13]

12 이러한 전통은 경제학의 주안점을 가격문제 탐구로 설정한 마셜로부터 연유한다. 마셜은 소비재와 투자재(investment goods. 생산재 또는 자본자산과 같은 개념)의 구분을 중시하지 않았다. 그는 가격의 문제에서 공급과 수요의 힘이 동일한 역할을 하면서 소비재와 투자재를 동일한 방식으로 설명하는 길을 닦아놓았다(Heilbroner, 1995).

13 원문에서는 상품 및 서비스 시장(market for goods and services)과 자산시장(market for assets)으로 구분하여 설명했지만, 소비재시장과 생산재 또는 자본자산 시장이라는 구분이 더 적절하다.

> 일반 상품은 (…) 가격이 오르면 수요가 줄고 공급은 늘고, 가격이 떨어지면 수요가 늘어나고 공급은 줄어들어 스스로 가격기구에 의해 시장이 균형으로 회귀하는 안정성을 가진 반면, 금융자산은 이런 통상적인 수요공급곡선이 맞지 않는다는 것이다. 즉, 금융자산은 가격이 오르면 사람들은 더 오를 것으로 예상하고 수요가 더 늘기 때문에 수요곡선의 모양이 우하향하지 않고, (…) 우상향하여 계속 가격이 오르는 버블현상이 발생할 수 있다는 것이다. 반대로 어떤 상황의 반전에 의해 가격이 떨어지기 시작하면 그 반대로 너도나도 손실 최소화를 위해 소위 손절매를 하려고 하여 수요가 오히려 더 감소하여 가격이 폭락하는 사태가 나온다는 것이다. 바로 이 메커니즘이 버블의 형성과 붕괴의 전형적 구조이고, 금융시장은 바로 이런 이유로 해서 항상 불안정성이 내재해 있다는 것이다(이근, 2011).

금융불안정성가설은 ① 자본주의의 핵심인 금융의 속성으로부터 심각한 경기변동(business cycle)이 발생하고 ② 시장은 지속적이고 안정적인 가격과 균형을 도출하지 못한다는 2가지 사실에 기초한다(Minsky, 2008a). 민스키는 케인스(John Maynard Keynes)의 이론을 재해석하여 금융의 중요성을 체계화하고 이로 인한 경제의 내재적 불안정성을 강조한다(Minsky, 2008b). 케인스는 경기변동의 실물요인을 강조한 반면,[14] 민스키는 과다차입(over-indebtedness)과 이의 해소 과정을 경기

14 케인스도 금융요인의 중요성을 인정했지만 이후 케인스 이론에 대한 주류 경제학의 표준적 해석 과정에서 그 중요성이 간과되었는데, 민스키는 금융요인의 중요성을 더욱 강조한다.

변동의 기본요인으로 지목하여 금융요인을 강조했다(이종규, 2000).

금융불안정성가설의 핵심 요소는 부채 또는 채무(debt)다. 실물경제활동 지원을 위한 자금의 조달 및 상환 활동의 역동성(dynamism)이 경제적 추론(economic calculation)에 불확실성을 부가한다(Rubini and Mihm, 2010)는 것이다.

금융불안정성가설은 균형을 배제한다. 신용확장(신용팽창, credit expansion)과 신용축소(신용수축, credit contraction)의 반복으로 경제는 안정으로 수렴하지 않고 불규칙한 경기변동이 지속된다(Cooper, 2009).

케인스 이론의 재해석

민스키는 케인스 이론의 재해석을 통해 '투자에 대한 금융이론과 경기순환에 대한 투자이론(Financial Theory of Investment and an Investment Theory of the Cycle)'을 정립했다.[15] 이러한 재해석의 중심에는 불확실성에 지배받는 자본주의경제체제의 금융적 속성에서 자라나는 불안정성이 자리 잡고 있다.

15 '재해석'은 케인스의 1935년작 《고용, 이자 및 화폐의 일반이론(The General Theory of Employment, Interest and Money)》의 견해와 다르다는 점을 강조하는 것이 아니라 통상적인 주류 경제학에서 간과하는 케인스 이론의 핵심 내용을 재조명한다는 의미가 더 크다.

간과되어온 케인스 이론의 실체적 내용은 크게 다음의 3가지로 구별해 살펴볼 수 있다. 불확실성 아래에서 내려지는 의사결정, 자본주의적 축적 과정의 순환적 성격, 그리고 선진 자본주의경제가 내포하는 금융관계가 그것들이다. (…) (주류 경제학에서) 사용하는 모델들은 본질적으로 시간의 흐름이 존재하지 않는 모델들이다. 반면에 케인스는 '일반이론'에서 시간과 과정 그리고 특정한 상황이 지닌 과도기적 특성들을 주목하고 있었다. 더 나아가 '일반이론'이 특정한 제도적 특성을 지닌 경제를 다루고 있다면, 케인스에 대한 표준화된 해석들은 이 제도적 특수성들을 전혀 다루지 않고 있다. (…) 케인스가 그토록 중요하다고 강조한 금융활동을 지극히 단순화된 모델로 환원하는 오류를 범한다.[16]

민스키는 기업의 투자 결정과 자금조달 과정을 상세히 분석하고 케인스의 이론체계와 결합함으로써 케인스의 이론에서 도드라지지 않았던 금융이론을 완벽히 복원했다. 자본주의 금융의 취약한 속성과 이로 인한 불안정성이 지속적인 교란과 변화를 야기한다는 것이다.

표준적인 케인스 이론은 경기순환과 투기 국면에서 자본주의적 금융이 어떤 역할을 하는지를 명확하게 고려하지 못했다. (…) 금

16 민스키(Minsky, 2008.b)의 초판(1975년) 서론의 내용. 역서(신희영, 2014) 인용.

융은 (자본주의) 경제의 속도를 규정한다. (…) 경기회복이 완전고용에 접근할수록 (…) (경기의 향방에 대해) 낙관적인 사람들은 경기순환은 사라져버렸다고 선언할 것이며, (이제 경제주체들은) 너도나도 빚을 지려고 할 것이다. 그러나 (…) 경기회복 또한 영원히 지속될 수 없다. (경기순환의) 매 단계는 자신을 파괴하는 힘을 만들어내기 마련이다(Minsky, 2008b).[17]

금융지위[18]

금융지위(financial position)는 재무 상태의 동태적 개념으로 현금흐름의 양태에 따라 결정된다.[19] 현금흐름은 소득현금흐름(income cash flows), 재무상태표 현금흐름(balance sheet cash flows), 포트폴리오 현금흐름(portfolio cash flows)으로 구분할 수 있다.

소득 현금흐름은 생산 과정에서 발생하는 현금유입을, 재무상태표 현금흐름은 채무계약 이행에 따른 현금유출을, 포트폴리오 현금흐름은 자산과 부채의 변동으로부터 발생하는 현금유출입을 말한다. 이러한 3가지 현금흐름의 상대적 크기가 경제체제의 금융불안정성을 결정한다.

17 역서(신희영, 2014) 인용.

18 Minsky(2008a)를 참고하여 요약, 정리.

19 Minsky(2008b)의 역서(신희영, 2014) 참고.

금융지위는 현금지급 약속(cash payment commitments)과 기대 현금수취(expected cash receipts)의 관계에 따라 헤지금융(hedge finance), 투기금융(speculative finance), 폰지금융(Ponzi finance) 등 3가지로 구분할 수 있다. 현금지급 약속은 재무상태표 현금흐름과 포트폴리오 현금흐름의 유출분이고, 기대 현금수취는 소득 현금흐름과 포트폴리오 현금흐름의 유입분이다.

헤지금융은 소득 현금흐름으로 원리금 지급이 가능한 구조를 말한다. 기대 현금수취가 현금지급 약속을 초과하여 금융시장의 조건 변화에 대한 안정성을 유지할 수 있다. 투기금융은 채무자가 이자 지급은 가능하지만 원금 상환을 위해서는 추가 차입이 필요한 상태를 뜻한다. 기대 현금수취가 현금지급 약속을 초과하려면 포트폴리오 현금흐름의 유입이 발생해야 한다. 폰지금융은 소득 현금흐름이 이자 지급 금액에도 미달하는 구조를 말한다. 추가적인 차입을 통해서만 현금지급 약속을 이행할 수 있으므로 금융시장의 조건 변화에 가장 취약한 상태다.

경제주체의 금융지위는 헤지금융, 투기금융, 폰지금융 순으로 악화되고, 붕괴 경험 이후 다시 헤지금융으로 회귀하는 순환적 양태를 보인다. 전반적인 경제체제 측면에서 보면 경기 과열 이전에는 헤지금융의 비중이 높고, 투기금융의 비중이 증가할수록 자산의 처분이나 부채의 조달이 증가하여 자산가격의 하락과 대출금리의 상승이 뒤따르며 경제체제의 취약성이 심화된다. 투기금융과 폰지금융 비중이 증가하면 금융불안정성의 극대화로 금융위기의 발생 가능성이 증가한다(김지열, 2005).

금융취약성

금융강건성(financial robustness)이 금융취약성(financial fragility)으로 이행하는 것은 금융시스템에 내재된 자연스러운 전개 과정이다. 금융취약성은 금융불안정성의 필수 전제조건이다.

금융거래의 객체는 소비재와 다른 성격의 자본자산이다. 그런데 자본자산 거래의 기본적 속성에서 금융취약성을 엿볼 수 있다. 자산의 매입은 자산이 저평가되었다는 판단에 근거하므로 매입 이후 가격이 상승하면 그 판단에 대한 확신이 강해진다. 가격 상승이 매도로 이어지지 않으므로 가격 상승이 공급 증가를 불러오지 않는다. 반대로 매입 이후에 가격이 하락하면 저평가 판단이 오류임이 드러난다. 이 때문에 가격 하락에도 불구하고 매도가 증가하고 추가적인 가격 하락이 뒤따른다.

자본주의 금융시스템은 양성 피드백(positive feedback) 방식으로 작동한다. 자본자산의 매입이 차입을 통해 이루어지고 위험관리 목적의 시가평가(marking to market)[20]라는 기제가

20 시가평가란 자산의 가치를 취득원가(매입가격)가 아니라 시가로 평가하는 것이다. 담보관리 측면에서 시가평가는 담보물의 시가 변동에 따라 담보비율에 영향을 미치고 이에 따라 차입 여력도 변동시킨다. 예를 들어 甲(갑)이 100만 원의 자산을 취득하면서 50%의 담보인정비율을 갖고 있는 은행에서 50만 원(100만 원 × 50%)을 차입했다고 하자. 이후 자산의 시가가 80만 원으로 하락하면 시가평가제도에 의해 차입 여력은 50만 원에서 40만 원(80만 원 × 50%)으로 감소하게 된다. 이에 따라 甲(갑)은 은행으로부터 추가 담보 제공이나 대출금 일부상환을 요구받게 된다.

대출 의사결정 과정에 개입하는 금융시스템의 속성은 사소한 충격을 증폭시키는 기능으로 작용한다. 가격 상승이 시가평가를 통해 차입 여력을 증가시켜 추가 자산 매입을 유도할 수 있고, 이에 따라 가격이 추가 상승한다. 반대로 가격 하락은 시가평가를 통해 차입 여력을 감소시켜 자산 매도를 통한 차입금 상환을 유도하고, 이에 따라 가격이 추가 하락한다. 금융시스템은 가격의 상승운동과 하락운동 모두에 가속도를 제공한다.

양성 피드백체계를 좀 더 자세히 살펴보면 다음과 같다.

먼저, 가격 상승에 대한 반응으로 매입하고 가격 하락에 대한 반응으로 매도하는 가격-가격 피드백(price-to-price feedback) 현상이다. 과거의 가격 변동에 대한 반응이 피드백효과를 통해 동일 방향으로 더 큰 가격 변동을 야기할 잠재력을 보유하게 된다.

다음은 가격과 실물경제 사이의 피드백이다. 대표적으로 가격-이익-가격 피드백(price-to-earnings-to-price feedback)은 주가의 상승이 사람들의 자신감을 강화하여 소비를 늘리고 이것이 기업의 이익을 증가시켜 다시 주가가 상승하는 양성 피드백을 말한다. 이 과정은 레버리지 피드백(leverage feedback)에 의해 강화된다. 즉, 가격 상승기에는 담보 여력도 함께 증가하여 대출 가능 금액이 늘어나 이것이 다시 가격의 상승으로 이어진다(Akerlof and Shiller, 2009).

금융시스템은 반복해서 호황과 불황의 파괴적인 주기

를 형성한다. 호황기에는 투기적 낙관론(speculative euphoria)과 함께 과다차입이 지속된다. “안정성은 불안정성을 낳는다(Stability is destabilizing.)(Minsky, 2008a).” 차입이 수익률을 제고시켜 더 많은 차입을 유도한다.

이와 같이 금융지위는 안정과 균형을 의미하는 헤지금융에서 투기금융, 폰지금융으로 전개되면서 불안정성이 극대화된다. 그러다가 어느 순간 투기금융, 폰지금융 비중이 일정 수준을 초과하면 부채 규모가 상환 능력을 초과했다는 사실을 인식하게 되면서 신용팽창이 신용수축으로 급변한다. 이 변곡점을 민스키 모멘트(Minsky moment)라고 한다. 이후에는 헤지금융 지위에 있는 채무자도 차입이 어려워지고, 외부 충격 없이도 금융시스템의 내적 불안에 따라 경제가 위축될 수 있는 것이다.

5.4

행동금융학

야성적 충동[21]

조지 애커로프(George Arther Akerlof)와 로버트 실러(Robert James Shiller)는 케인스(John Maynard Keynes)가 언급한 인간의 야성적 충동(animal spirits)[22]을 고려한 경제학의 필요성을 강조했다. 두 학자는 주류 경제학이 인간의 비경제적 동기가 행동에 미치는 영향과 비합리적 오류의 가능성을 고려하지 않음으로써 잘못된 방향으로 나아가고 있다고 주장하며, 주

21 야성적 충동에 관한 저작(Akerlof and Shiller, 2009)을 참고하여 정리.

22 라틴어 'spiritus animalis'에서 유래했으며, '야성적'은 '마음의'라는 의미로 근본적인 정신적 에너지나 생명의 힘을 가리킨다(Akerlof and Shiller, 2009).

류 경제학이 놓친 부분을 야성적 충동이라고 보았다.

투기로 말미암은 불안정성을 떠나서도 우리의 적극적인 활동의 대부분은 그것이 도덕적인 것이건 쾌락주의적인 것이건 또는 경제적인 것이건 간에 수학적 기대치에 의존하는 것보다는 오히려 자생적인 낙관에 의존한다는 인간성의 특징으로 말미암은 불안정성이 또 있는 것이다. 장래의 긴 세월에 걸쳐 그 완전한 결과가 나오는 어떤 적극적인 일을 행하고자 하는 우리의 결의의 대부분은 추측건대, 오직 야성적 충동(야성적 혈기)-불활동보다는 오히려 활동을 하려는 자생적인 충동-의 결과로 이루어질 수 있을 뿐이며, 수량적인 이익에 수량적인 확률을 곱해서 얻은 가중평균의 소산으로 이루어지는 것은 아니다. 기업은 기업 자신의 설립취지서의 서술이 아무리 솔직하고 진지한 것이라 할지라도, 주로 그것에 의해 동기를 부여받는 일은 없고 그저 그런 척할 따름이다. 그것이 장래의 이익의 정확한 계산을 기초로 하는 것이 아니라는 것은 남극탐험의 경우와 별 차이가 없다. 따라서 만약 야성적 충동이 둔화되거나 자생적인 낙관이 주춤거리게 됨으로써 수학적 기대치 이외에 우리가 의지할 수 있는 것이 없어진다면, 기업은 쇠퇴하고 사멸하게 될 것이다. 물론 손실에 대한 공포도 이전에 이윤에 대한 희망이 가지고 있었던 것 이상으로 합리적인 기초를 가진 것이 아닌 것도 사실이다(존 메이너드 케인스, 조순 옮김, 2009).[23]

23 역서(김희정, 2014) 인용. 역서에서는 '야성적 충동' 대신 '야성적 혈기'로 번역했다. 여기서 야성적 충동을 설명한 '불활동보다는 오히려 활동을 하려는 자생적인 충동'은 "행동하지 않는 쪽보다 행동하는 쪽으로 기우는 본능적 욕구(a spontaneous urge to action rather than inaction)"를 뜻한다 (Chang, 2014).

그림 5-2 경제활동의 동기와 반응

반응 \ 동기	경제적 동기	비경제적 동기
합리적 반응	•	
비합리적 반응		

경제학의 개념에서 야성적 충동은 경제에 내포된 불안정하고 일관성이 없는 요소를 말하며, 사람들이 모호성이나 불확실성과 맺는 독특한 관계를 가리킨다. 인간은 때로 야성적 충동에 억눌려 주저하지만, 때로는 야성적 충동에 힘입어 두려움과 우유부단함을 극복하기도 한다(Akerlof and Shiller, 2008).[24]

애커로프와 실러는 주류 경제학이 인간의 경제활동 중에서 그림 5-2의 음영(•) 부분에 대해서만 논의하고 있음을 지적했다. 나머지 세 부분의 상대적 비중은 정확히 알 수 없으나 이 부분들을 제외하고서는 올바른 논의가 불가능한 것은 분명하다.

애커로프와 실러는 자신감(confidence), 공정성(fairness), 부패와 악의(corruption and bad faith), 화폐착각(money illusion), 이야기(stories)라는 5가지 주제로 야성적 충동을 설명한다.

24 역서(김대훈, 2009) 인용.

자신감은 경제적 의사결정의 처음 단계에서 작동하는 야성적 충동이다. 앞에서 살펴보았듯이 자신감은 가격과 거래의 고저와 빈도에 영향을 미쳐 호황과 불황을 결정한다. 공정성은 인간의 행동을 추동하는 중요 요인이다. 인간은 행동 기준인 규범(norms)에 따름으로써 행복감이나 효용을 얻기 때문에 공정성은 경제적 행위의 주요 동기가 된다. 또한 인간은 부패와 악의로부터의 유혹에 취약하다. 이러한 취약성 때문에 경기 침체기에 심각성을 악화시킨다. 화폐착각은 경제활동에 만연한 비합리적 반응이다.[25] 이뿐 아니라 인간은 이야기에 기반을 둔 사고 경향을 갖는다. 집단의 자신감은 이야기의 영향을 받고, 자신감이나 두려움은 이야기에 의해 전염된다.

행동금융학[26]

행동금융학(또는 행동재무학, behavioral finance)은 야성적 충동을 받아들여 주류 경제학의 합리적 경제인이라는 가정을 부정하고 인간 또는 인간 행동의 불안정성(unstability)과 비일관성(failure of invariance)을 인정한다. 비합리성과 비경제적 동기를 고려함으로써 더욱 설득력 있는 금융이론의 도출을 모색한다.

25 4장 6절(90쪽) 참조.

26 Shefrin, 2007; 도모노 노리오(이명희 옮김), 2007; Ferguson, 2008; Akerlof and Shiller, 2009; Kahneman, 2011; 크리스토퍼 시(양성희 옮김), 2011.

인간은 모든 정보를 활용하여 합리적으로 판단하는 존재가 아니다. 새로운 정보의 수용에 인색하거나 거부하며 과거의 제한적 경험에 크게 의존한다. 인지함정(cognitive trap)에 빠져 비합리적 반응을 반복하는 불완전한 존재가 인간이다. 이로써 행동금융학은 효율적시장가설의 타당성을 잠식한다. 다만 아직까지는 전체를 통합하는 논리적 개념체계를 정립해나가는 과정이라는 평가가 일반적이다.

행동금융학은 간편법(heuristic)[27]과 편향(bias)에 대한 연구결과를 토대로 완벽한 합리성의 비현실성을 보여준다. 간편법은 의사결정 과정에서 명확한 단서가 존재하지 않는 경우에 사용하는 편의적 방법을 말한다. 발견법, 어림셈, 추단법, 간편추론법, 휴리스틱으로도 불린다. 신속하게 어느 정도 만족스러운 결과를 얻을 수 있다는 점에서 앞의 4장 6절에서 살펴본 만족화(satisfying) 원리와 일맥상통한다. 보편적으로 사용하는 상식(common knowledge)도 적절한 결과를 초래하는 행동규칙이라는 점에서 일종의 간편법으로 볼 수 있으며, 편향은 간편법의 사용으로 발생하는 판단의 오류를 말한다.

인간이 사용하는 간편법에는 가용성 간편법(availability heuristic), 대표성 간편법(representativeness heuristic), 기준점 및 조정 간편법(anchoring and adjustment heuristic), 감정 간편

27 간편법에 대비되는 개념은 일정한 순서대로 문제를 풀어나가는 알고리즘(algorithm)이다.

법(affect heuristic), 재인 간편법(recognition heuristic) 등이 있다.

가용성 간편법은 사건(event)의 빈도나 확률을 판단할 때 그 사건과 유사한 최근의 사례나 관련 소식 등 쉽게 접할 수 있는 정보에 근거해 판단하는 방법이다. 적합한 정보보다 쉽게 연상되는 정보를 토대로 결정을 내리는 것이다. 주된 원인은 이미지화의 용이성(ease of imaginability)이다. 하지만 쉽게 연상되는 정보가 올바른 결론을 도출하지 못하는 경우 편향이 생긴다. 가용성 간편법으로 인한 대표적인 편향은 사건 발생 후에 그 사건의 발생 확률을 높게 인식하는 사후확신편향(hindsight bias)이다. 단일 사건의 확률보다 두 사건이 결합된 경우의 확률을 더 높게 추정하는 결합편향(conjunction bias) 또는 결합오류(the fallacy of conjunction)도 가용성 간편법의 결과다.

대표성 간편법은 개별 사건이 그 집합을 대표한다고 간주하여 빈도와 확률을 판단하는 방법이다. 여기서 크기가 작은 표본(sample)이라도 모집단(population)의 성격을 대표한다고 여기는 편향이 생길 수 있다. 확률이론의 기본 정리 중 하나인 대수의 법칙(law of large numbers)에 빗대어 이를 소수의 법칙(law of small numbers)에 따른 편향이라고 말한다. 소수의 법칙에 따른 착오의 예로는 도박사의 오류(gambler's fallacy)[28]와

28 도박사의 오류는 동전 던지기에서 5번 연속 앞면이 나오면 다음에는 뒷면이 나올 확률이 높다고 판단하는 착오를 말한다.

대수의 법칙에 따른 평균으로의 회귀(regression to the mean) 효과를 무시하는 오류가 있다. 대표성 간편법으로 인한 또 다른 편향으로는 기저율의 무시(neglect of base rate)[29] 또는 과소평가(underestimation), 과대평가(overestimation) 등이 있다.

기준점 및 조정 간편법은 예측 시작 단계에서 기준점을 설정하고 이후 조정(정박조정 또는 기준점으로부터의 조정, anchor adjustment)을 통해 최종 예측치를 확정하는 방법이다. 조정 단계에서 기준점에 집착하여 충분한 조정을 하지 못함으로써 편향이 발생한다. 이러한 현상을 기준점효과 또는 정박효과(anchoring effect)라고 하며, 이로부터 확증편향(confirmation bias)이 발생한다. 처음 세운 가설에 반하는 증거보다 이에 부합하는 증거에 집착하는 것이다.

감정 간편법은 논리와 무관하게 호불호의 감정에 영향을 받아 판단과 의사결정을 행하는 것을 말한다. 감정(affect)은 직

29 기저율의 무시는 사전확률(prior probability)을 무시하는 경향이다. 신뢰도가 90%인 감염증 검사에서 양성 판정을 받았다면 사람들은 이 병에 걸릴 확률이 90%라고 생각하기 쉽다. 그러나 당초 이 감염증에 걸릴 확률(사전확률)이 1%라면, 모집단이 1000명인 경우 감염자의 수는 10명이다. 신뢰도가 90%라면 실제 감염자 10명 중 9명이 양성 판정을 받는다는 뜻이다(10명 중 9명은 옳게 양성 판정을 받고, 1명은 실수로 음성 판정을 받는다). 동시에 감염되지 않은 990명 중 10%는 실수로 양성 판정을 받게 된다. 즉, 990명의 비감염자 중 90%인 891명은 옳게 음성 판정을 받고, 10%인 99명은 실수로 양성 판정을 받는 것이다. 그렇다면 양성 판정을 받게 되는 108명의 사람은 실제 양성인 9명에 실수로 양성 판정을 받은 99명으로 구성된다. 그러므로 양성 판정을 받은 사람 중 실제 양성인 사람의 비율은 약 8%(= 9 ÷ 108 = 0.0833)에 불과하다.

관(intuition)이나 배짱(gut feeling) 등 정서적 느낌을 나타내는 심리학 용어다. 정서적 반응이 신중함을 제거하여 가용성 간편법이나 대표성 간편법과 유사한 효과를 발생시킨다.

재인 간편법은 익숙함 때문에 재인(또는 인식)이 가능한 대상에게 높은 가중치를 부여하는 것을 말한다.

이 외에도 인간은 불충분한 정보에 기초하여 일반 법칙을 세우고자 하며(귀납문제, the problem of induction), 희망하는 최상의 결과에 가장 높은 확률을 부여하고(과신, overconfidence), 쉽게 접할 수 있는 이야기에 영향을 받고(전염효과, contamination effect), 차원이 다른 요소들끼리의 비교로 올바른 판단을 하지 못하며(범주혼동, scope neglect), 군중 속에 있을 때 개인의 책임을 망각한다(무관심, bystander apathy).

심리학은 인간이 2가지 사고시스템을 갖고 있음을 확인해주었다. 자동적으로 빠르게 작동하는 시스템 1과 주의를 요하기에 느리게 작동하는 시스템 2가 그것이다. 복잡한 상황에서는 의식적이고 추론하는 자아(reasoning self)인 시스템 2가 주도권을 갖지만, 인간의 생각과 행동 대부분은 효율적이지만 편향을 야기하는 시스템 1에서 발생한다. 이를 '이중프로세스이론(Dual Process Theories)'이라고 한다.

주류 경제학이 가정하는 합리적 경제인은 시스템 1이 없는, 시스템 2만 갖춘 인간이라고 할 수 있다. 시스템 1을 인정한다면 인간의 합리성은 완벽할 수 없다.

5.5

금융시장의 효율성

가격이 정보를 충실히 반영하고 있다면 금융기관이 막대한 내부자원을 투입해서 정보를 확보하려고 노력하는 이유는 무엇일까? 간단히 답하면 시장이 효율적이지 않거나 그들이 시장에 공개되지 않은 내부정보를 추적하고 있는 것이다.[30]

효율적시장가설을 지지하는 측의 답은 이렇다. 정보의 분석 및 전파로 효율성이 제고되고 유지된다는 것이다. 이 설명은 시장효율성을 주장하면서도 약간의 빈틈은 존재한다는 사실을 인정하는 것과 다름없다. 시장은 언제나 완벽하게 효율적인 것은 아니며 일시적인 비효율성을 찾고 이로부터 이윤을 얻으려는 노력이 시장을 효율적으로 만들어간다는 말이다.

30 조지프 스티글리츠(Joseph Eugene Stiglitz)의 주장이다(이근, 2011).

금융시장은 완전시장이 아니다. 현실에서 완전시장은 존재하지 않는다. 거래에는 언제나 장애요소가 존재하며 정보비대칭 사례 또한 얼마든지 목격할 수 있다. 그렇지만 자본시장의 효율성을 완전히 무시하면 미궁에 빠지게 된다. 시장의 가격 정보를 신뢰하지 않으면 거래는 중단되고 경제는 정지한다. 시장이 완벽하게 비효율적이라면 금융시스템은 작동하지 않을 것이다. 따라서 일상이 금융과 무관하지 않고 위협적 불편을 느끼지 않는다면 금융시장은 일정 수준 이상 효율적이라고 볼 수 있다. 다만 효율성 제고를 위한 개선과 혁신이 계속적으로 이루어짐에도 불구하고 새로운 장애요소가 효율성을 떨어뜨려 완전시장에 도달하지 못하는 상황이다. "시장의 균형은 현실이 쫓고 있는 이상향일 뿐 결코 도달할 수는 없는 곳이다(Grossman and Stiglitz, 1980)."라는 말이 그래서 나온다.

효율적시장가설에 대한 금융불안정성가설의 문제 제기는 미시적 관점에서 가격의 정보 반영성에 집중한다기보다 시장효율성을 통한 균형 달성에 이의를 제기하는 것이다. 거시적 관점에서 금융활동의 지속과 누적으로 취약성이 제고되면 금융시스템이 불안정해지고 효율성이 제한된다는 점을 유념할 필요가 있기 때문이다.

대부분의 경우에 자본시장은 정보효율성을 충족하여 안정적인 금융거래를 지원한다. 일정 규모 이상의 유동성이 확보된 금융시장에서는 시장효율성을 부정하기보다는 인정하는 것이 합리적이다. 제한적인 경우에 한해서 효율성을 의심하거나 효율성에 대한 무조건적 신뢰를 유보하는 것이 바람직하다.

6장

프로젝트금융

Financial Mind

6.1

기업금융

금융은 자금조달의 주체를 기준으로 구분할 때 정부지출 관련 자금의 흐름을 제외하면 개인금융과 기업금융으로 나눌 수 있다.

자금흐름의 구성 방법

기업금융(business finance)은 기업의 투자지출 관련으로, 자금의 흐름을 구성하는 방법은 크게 2가지로 나눌 수 있다. 첫 번째 방법은 협의의 기업금융(corporate finance)이고, 두 번째 방법은 프로젝트금융(project finance)이다. 프로젝트금융에서는 차주가 될 새로운 법인을 설립하는데, 이것이 전통적 기업금융(traditional corporate finance)과의 가장 큰 차이점이다.

여기서는 기업금융 아래에 협의의 기업금융과 프로젝트

그림 6-1 기업금융 분류

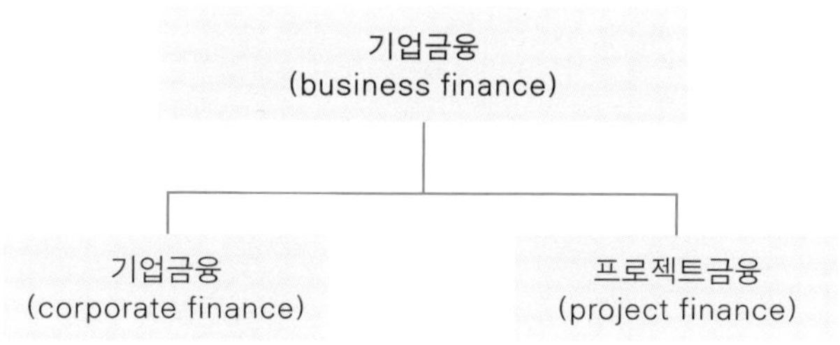

금융이라는 분류체계를 사용하기로 한다. 이를 도식화하면 그림 6-1과 같다.[1]

기업 투자 지출 관련 자금조달 과정에서 금융 방식 선택의 결과가 기업금융과 프로젝트금융으로 나타난다. 기업금융에서 차주는 복합사업을 영위하는 일반 기업으로 공동보험효과(coinsurance effect)를 향유하며, 프로젝트금융에서는 차주가 단일사업을 영위하는 특수목적법인(SPV, Special Purpose Vehicle)[2]으로 위험절연효과(risk insulation effect)를 추구한다.[3]

1 6장에서 이후부터는 기업금융이라고 하면 협의의 기업금융을 가리킨다.

2 SPV, SPE(Special Purpose Entity), SPC(Special Purpose Corporation)는 혼용해도 무방하다.

3 공동보험효과란 부진한 사업부가 존재하는 경우에도 양호한 사업부문이 창출하는 현금흐름으로 차입금을 상환할 수 있음을 뜻한다. 위험절연효과란 특정 사업부문을 독립법인 내에 한정함으로써 타 사업부문의 부진으로부터 오는 위험을 절연함을 말한다.

금융 의사결정 과정의 사업성 평가 측면에서 보면, 기업금융은 검증된 과거 실적에 기초하여 상환 가능성을 추정하고, 프로젝트금융은 사업계획에 기초하여 미래의 상환 가능성을 추정한다. 그러므로 프로젝트금융을 추진할 때는 미확정 상태의 미래 현금흐름을 현금 및 현금성자산 수준으로 확정시키는 것을 목표로 제반 구조를 설계하고 각종 장치를 마련하는 금융구조조성(financial structuring)이 매우 중요하다.[4]

금융의 형식 및 용도[5]

금융은 제공되는 자금의 인출 및 상환 형태에 따라 구분할 수도 있다. 자금 인출 이후 정해진 기간 내에 상환이 완료되고 종료되는 건별금융(on-off financing), 정해진 기간 내에 인출과 상환이 자유로운 한도금융(line of credit financing)이 있다. 또한 회전금융(revolving financing)은 동일 조건의 금융이 연속적으로 실행되는 방식으로 기존 금융의 소멸 후 동일 조건의 신규 금융이 재실행되는 것이다. 기존 금융이 소멸되지 않는 건별

4 프로젝트금융의 사업성 평가는 경제적(economic) · 재무적(financial) · 기술적(technical) 타당성 검토(feasibility study)로 이루어진다. 경제적 타당성은 거시경제적 성과를 측정하는 것으로 자원배분의 근거를 제공하고 정부의 관점을 반영한다. 재무적 타당성은 미시경제적 성과를 측정하는 것으로 현금흐름 및 수익률 분석이 이루어지고 사업추진 주체와 대주의 의사결정 근거를 제공한다(반기로, 2003).

5 권성일(2005)을 참고하여 요약, 정리.

금융의 만기연장과는 차이가 있다. 이 외에도 자금의 인출과 상환 구조가 자금조달 목적을 가장 효율적으로 달성할 수 있는 방식으로 설계되는 금융인 제작금융 또는 구조화금융(structured financing)[6]이 있다.

자금의 용도에 따라 자산지원금융(asset financing), 비용지원금융(expense financing), 상환지원금융(refinancing)으로 구분할 수도 있다. 자산지원금융과 달리 비용지원금융의 경우 일회적 비용 지급을 목적으로 하며, 상환지원금융은 조달자금이 기존 금융의 상환재원으로 사용된다.

자산지원금융은 다시 유동자산 투자 목적의 단기자산지원금융과 비유동자산 투자 목적의 장기자산지원금융으로 나눌 수 있다. 단기자산지원금융은 일회적인 경우에 단기대출(temporary loan)이, 반복적인 경우에 회전대출(revolving loan)이 적합한 금융 방식이다.[7] 장기자산지원금융은 중장기대출

6 프로젝트금융, 인수금융(M&A financing), 자산유동화(securitization)를 구조화금융의 대표 유형으로 본다(Kahn and Parra, 2003). 넓은 의미에서 구조화금융은 특수목적법인을 이용한 구조화를 통한 금융을 뜻한다는 의견도 있다(반기로, 2003; Yescombe, 2007).

7 유동자산은 영구유동자산(permanent current assets)과 일시유동자산(temporary current assets)으로 나눌 수 있다. 기업의 영업활동에 필요한 매출채권과 재고자산이 대표적인 유동자산이다. 유동자산 중에서 기업의 영업활동이 지속되는 한 유지되는 최소 부분을 영구유동자산이라 하고, 계절적 요인 등에 의해 증감하는 부분을 일시유동자산이라고 한다(임석필, 2006). 일시유동자산 지원금융은 단기대출이 적절하고, 영구유동자산 지원금융은 회전대출이 적절하다(권성일, 2005).

(term loan)이 적합한 금융 방식이고, 특정용도단기대출(bridge loan)[8]이 제공되는 경우도 있다.

8 특정용도단기대출의 상환재원은 계획된 중장기대출금이다. 그러므로 특정용도단기대출 심사의 주안점은 중장기대출의 실행중지 가능성에 대한 점검이다. 차관단대출(syndicated loan)이 승인된 후에 예정보다 자금집행 시점이 앞당겨지는 경우 특정용도단기대출이 실행된다. 그 외의 경우에 실행되는 단기대출은 계획되지 않은 미정의 중장기대출금을 상환재원으로 하므로 엄밀한 심사 과정을 거쳐야 하며, 그런 의미에서 본문의 특정용도단기대출이라는 명칭의 사용은 적절하지 않다.

6.2

특수금융[9]

국제결제은행(BIS, Bank of International Settlement)은 다음의 요건을 충족하는 금융을 특수금융지원(specialized lending)으로 정의한다.[10]

- 실물자산의 운영 및 자금조달 목적으로 설립된 특수목적실체(SPE, Special Purpose Entity)를 차주로 한다.
- 차주는 해당 사업(project) 외의 실물자산이나 영업활동이 없어 이와 독립적인 상환 능력을 보유하지 않는다.

9 Basel Committee on Bank Supervision(2002)을 참고하여 요약, 정리.

10 특수금융은 금융기관의 자기자본 규제 목적으로 필요 자기자본을 산정할 때 감독당국이 정한 별도의 방식 사용을 허용하기 위한 목적으로 정의되었다(한국금융연수원, 2006).

• 대주에게 해당 자산과 이로부터 발생하는 이익에 대한 상당한 수준의 통제권이 부여된다.

• 해당 사업으로부터 창출되는 수입이 주요 상환재원이다.

특수금융은 특수목적실체가 보유하게 될 실물자산 또는 영업활동에 따라 다음의 5가지로 구분된다.

① CF(Commodity Finance)

거래소시장(exchange market)에서 거래되는 상품(commodity. 금속, 농작물, 원유 등)과 관련된 매장자원(reserves), 재고자산(inventories) 또는 미수금(receivables) 등에 의해 담보되고 동 자산의 판매대금을 상환재원으로 하는 단기금융

② OF(Object Finance)

유형자산(object. 선박, 위성, 철도차량, 항공기 등)에 의해 담보되고 여기서 발생하는 현금흐름을 상환재원으로 하는 금융

③ PF(Project Finance)

대규모 자본이 소요되는 복잡한 대형 사업(project. 교통시설, 발전시설, 화학처리시설 등)에 의해 담보되고 여기서 발생하는 현금흐름을 상환재원으로 하는 금융

④ IPRE(Income-Producing Real Estate)

리스료 또는 임대료 등 수익이 발생하는 부동산의 건설 또는 보유 지원 목적으로 동 부동산에서 발생하는 현금흐름 및 판매대금을 주요 상환재원으로 하는 금융

⑤ HVCRE(High-Volatility Commercial Real Estate)

여타 특수금융에 비해 손실률 변동성이 높은 상업용 부동산 취득 목적 금융

대주의 입장에서 금융 의사결정이 가장 용이한 현금 및 현금성자산 담보대출과 5가지 유형의 특수금융을 대비해보면 CF와 OF는 현금전환 가능성이 높은 실물자산 담보대출로, PF는 미래 현금흐름 담보대출로 볼 수 있다. IPRE와 HVCRE는 부동산 관련 특수금융으로 이해하면 된다.

특수금융에 대한 지식은 프로젝트금융에 대한 체계적인 이해에 유용하다. 경우에 따라서는 국제결제은행의 5가지 분류 유형 모두를 통틀어 프로젝트금융으로 분류하기도 한다.

6.3

프로젝트금융

의의[11]

프로젝트금융은 '경제적으로 독립된 프로젝트로부터 발생하는 현금흐름을 주요 상환재원으로 고려하는 비소구(non-recourse) 또는 제한소구(limited recourse) 금융(Finnerty, 2007)', '산업자산(industrial asset) 투자 목적으로 비소구 조건

11 광의와 협의로 프로젝트금융을 구분하기도 한다. 광의의 프로젝트금융은 '건설기간 및 투자자본 회수기간이 장기이고 사업 성공 가능성에 대한 불확실성이 높은 환경에서 신규 대형 프로젝트 관련 장기금융(long-term project related finance)의 조달을 포괄적으로 지칭하는 것'이다. 사업시행법인(project company)의 출자자 또는 사업주(sponsor)에 대한 소구권의 존재 여부를 따지지 않으며, 1856년 수에즈운하 개발사업 관련 금융을 최초의 프로젝트금융 사례로 본다. 협의의 프로젝트금융은 '자금조달의 기초를 사업주의 신용이나 사업주 제공 물적 담보에 두지 않고 프로젝트 자체의 경제성에 두는 금융 방식'으로, 소구권 제한을 프로젝트금융이라는 방식의 특징적 요건으로 간주한다(반기로, 2003).

의 타인자본 조달을 통해 법적으로 독립된 사업시행법인의 설립(Esty and Megginson, 2003)'으로 정의된다.

프로젝트금융에 대한 다양한 개념 정의 가운데 가장 충실한 2가지는 다음과 같다.

- 특정 경제단위(a particular economic unit)가 창출하는 현금흐름과 이익(cash flows and earnings)을 상환재원으로 고려하고 해당 경제단위 소유의 자산(assets)을 담보로 인식하는 금융(Nevitt and Fabozzi, 2000).[12]

- 신설 프로젝트회사(project company, 사업시행법인)를 통해 거대한 자본집약적 시설의 설치 후 분리된 영업활동 목적으로 타인자본, 자기자본 및 불확정 자기자본(contingent equity)이 조달되고, 헤지(hedge)와 다양한 형태의 제한적 보증(limited guarantee)이 동원되며, 해당 프로젝트 자산을 담보로 하고 예상 현금흐름을 상환재원으로 하는 금융(Khan and Parra, 2003).[13]

이상의 논의를 종합하면 프로젝트금융은 ① 단일 사업을

12 김동옥(2014b) 인용.

13 김동옥(2014b) 인용. 프로젝트금융은 이러한 특성의 자금지원을 특정하기 위해 금융투자자(banker)에 의해 개발된 용어라고 설명하기도 한다.

수행하는 특수목적법인을 차주로 하여 ② 대주가 해당 프로젝트에 대한 상당한 통제권을 보유하며 ③ 대주의 사업시행법인 출자자에 대한 상환청구권(또는 소구권, recourse)이 제한되는 금융으로 정의할 수 있다. 금융의 형식 측면에서는 구조화금융, 자금의 용도 측면에서는 장기자산지원금융이다.[14]

학문적 연구 대상으로서의 프로젝트금융은 사업 추진 주체의 의사결정 과정 및 결과를 선명하게 살필 수 있는 기회를 제공한다. 독립된 경제적 실체의 대규모 자본지출이므로 과거 실적 및 전략으로부터 독립적이고 객관적인 연구가 가능하고 의식적인 숙고의 결과를 관찰할 수 있다. 그러므로 프로젝트금융의 특수목적법인은 '전략적 연구 현장(strategic research site)'으로 생산적인 연구환경을 제공한다(Esty, 2004).

프로젝트금융은 수반되는 고비용 구조 및 높은 부채비율로 인한 파산 가능성 증대에도 불구하고 활용도가 증가하는 추세다. 이를 감안할 때 기업의 가치와 자본구조의 관련성을 탐색할 새로운 기회를 발견할 수 있다(김동옥, 2014b).

기업금융은 공동보험효과를 목적으로 하는 분산투자

14 프로젝트금융의 경우 전통적인 기업금융보다 더욱 엄격하게 모든 관련 자산에 대한 담보권 확보가 중요하다. 사업 추진 과정에서 문제가 발생할 경우 신속한 정상화를 위해 필요하기 때문이다(김동옥, 2014b). 프로젝트금융에서의 담보권 설정은 제3자의 간섭 배제라는 방어적 목적과 대주의 개입권(step-in right) 확보라는 적극적 의의를 갖는다(김도경, 2005).

(diversified investment)이고, 위험절연 목적의 프로젝트금융은 집중투자(concentrated investment)에 해당하므로 프로젝트금융을 통한 가치 증대가 가능하다면 집중투자의 장점을 지지하는 하나의 증거가 될 수도 있다(Esty, 2004). 그러나 프로젝트금융에 대한 재무적 관점의 연구활동은 매우 빈약하다. 차주인 독립 사업시행법인이 비상장회사여서 통계분석에 필요한 자료 수집이 용이하지 않기 때문이다. 따라서 사업계획 초기부터 참여하는 정밀 사례분석 방식의 연구가 요구된다(박동규 · 이봉주, 1997; Esty, 2004).[15]

역사

일반적으로 프로젝트금융은 20세기 들어 출현하고 성행하기 시작한 새로운 금융 방식으로 알려져 있다. 기업의 투자지출 관련 금융 방식의 원형이 기업금융으로 간주되는 것이다.

인류가 기업금융의 차주인 회사 또는 법인(legal person)을 '발명'한 것은 비교적 최근의 일이다. 최초의 주식회사는 17세기 초에 설립되었다. 주식회사의 자본인출이 금지되고 주권(株券) 거래가 시작됨으로써 기업의 자본상환결정권이 확립된

15 미국의 4대 금융학술지에 게재된 연구논문이, 연구기간 중 단 한편으로, 극히 적고 5대 금융교과서에도 거의 언급되지 않았다(Esty and Megginson, 2003). 우리나라 5대 금융학술지에 게재된 연구논문도, 마찬가지로 연구기간 중 단 한편으로, 극히 적다(김동욱, 2014b).

17세기 중반 이후 현대적 의미의 기업금융이 가능하게 되었다. 기업의 자기자본이 영구자본이 됨으로써 기업금융이 시작된 것이다. 그렇다면 이전에는 대규모 자금의 흐름이 어떤 형태로 이루어졌을까?

사업의 투자지출을 위해 조달된 자금은 투자사업이 종료되면 청산 절차를 거치고 새로운 투자사업의 계획 과정에서 다시 자금이 조달되는 과정을 반복했다. 기업의 자기자본이 한시자본이 아닌 영구자본이 된 이후에야 자기자본에 대비되는 타인자본 조달이 가능해지고 현대적 의미의 기업금융이 시작되었다.[16]

기원전 1800년경의 함무라비법전(The Code of Hammurabi)에는 프로젝트금융의 원형으로 볼 수 있는 모험대차(冒險貸借, bottomry)에 대한 내용이 기술되어 있다. 해상무역 개시 전에 선박 또는 화물의 소유자가 해난이 발생한 경우에 손해의 정도에 따라 상환의무의 일부를 면제받는 조건으로 자금을 조달했다(Khan and Parra, 2003). 이는 앞에서 살펴본 특수금융의 정의에 상당 부분 부합하는 내용이다. 인류 역사의 오랜 기간 동안 프로젝트금융이 대규모 투자지출 관련 금융의 기본 형태로 이용되다가 새롭게 기업금융이 등장한 것이다.

현대적 의미의 프로젝트금융은 1930년대 미국의 석유

16 10장 4절(225쪽) 참조.

채굴사업 관련 생산물담보금융(production payment financing)을 시작으로 1980년대 이후 미국과 영국의 발전산업 규제완화 흐름과 함께 성행하게 되었고, 1990년대 이후 자원개발 및 사회기반시설 건설에 활발히 이용되고 있다(박훤일, 1997; 김도경, 2005; 박세화, 2006; 김기수, 2007; 김상만, 2008; 조재영, 2010).[17] 우리나라에서는 민자유치법 제정 이후 사회기반시설 민간투자사업(PPI, Private Participation in Infrastructure 또는 PPP, Public Private Partnership)에 민간자본 조달 방안으로 도입되었고, 발전산업 민영화 흐름에 따라 정착되고 성장했다(김동옥, 2014b).[18]

민간투자사업과 발전사업은 대규모 자본이 지출되는 사업이며, 관련 금융은 부동산개발사업에 적용되고 있는 전통적 기업금융과 구분이 곤란한 형태가 아니라 프로젝트금융의 이론적 원형에 가깝다(김동옥, 2015).

17 1980년대 중반에 개발된 스프레드시트 프로그램이 프로젝트금융 활성화의 핵심 원인이라는 흥미로운 의견도 있다(Yescombe, 2007).

18 사회기반시설에 대한 민간투자사업은 1994년 '사회간접자본시설에대한민자유치촉진법' 제정 이후 1997년 외환위기로 힘을 잃었다가 1999년 '사회간접자본시설에대한민간투자법'으로, 2005년 '사회기반시설에대한민간투자법'으로 개정되면서 정착되었다. 경쟁발전산업체계는 한국전력공사의 독점 생산 및 공급 구조로부터 1999년 전력산업 구조개편 기본계획이 발표됨에 따라 태동되었다. 2002년 '전력산업구조개편촉진에관한법률' 제정 및 '전기사업법' 개정 이후 한국전력의 발전부문은 화력발전 5개 회사, 수력 및 원자력발전 1개 회사로 분할되고 민간자본 발전사업이 시작되었다(염성오, 2020).

성립 요건

프로젝트금융의 성립 요건은 추진 사업에서 발생하는 현금흐름의 4가지 특성을 달성하는 것으로부터 도출할 수 있다.

① 현금흐름의 객관성(objective cash flow)

사업계획 수립 과정에서부터 경제, 기술, 법률, 보험 실사(economic, technical, legal, insurance due diligence)를 통해 현금흐름의 객관성을 확보한다.

② 현금흐름의 고정성(fixed cash flow)

건설기간 중의 투자비용과 운영기간 중의 수입 및 비용을 확정하고, 재무위험을 최소화하며, 불가항력으로 인한 손실을 배제해야 한다. 투자비용 확정을 위해서는 고정가격부일괄도급계약(fixed price lump-sum turnkey contract) 체결과 지체상금(liquidated damage) 부과 또는 계약이행보증(performance bond) 등의 장치가 마련되어야 한다.[19] 운영수입 확정을 위한 구매계약(off-take agreement) 및 운영비용 확정을 위한 운영

19 건설위험 또는 완공위험(completion risk)은 공사비 초과(completion cost overrun), 완공 지연(completion delay), 시운전비용 과다(start-up cost overrun)의 형태로 나타나고(반기로, 2003), 이에 대한 대비가 완료되어야 현금흐름의 고정성을 확보할 수 있다. 본문의 내용은 시공회사와의 관계에서 필요한 사항이다. 이에 더해 출자자에게 완공보증(completion guarantee) 또는 현금보충확약(CDS, Cash Deficiency Support)을 요구하기도 한다.

및 유지보수 계약(O&M contract, Operation and Maintenance contract)도 체결해야 한다. 또한 재무위험 최소화를 위한 방안(hedge contracts) 마련 및 보험부보가 필요하다.

③ 현금흐름의 독립성(independent cash flow)

독립된 경제적 실체(stand alone economic entity) 유지를 위해 특수목적법인을 설립함으로써 다른 사업과의 법적 및 경제적 분리를 이루어야 한다.

④ 현금흐름의 투명성(transparent cash flow)

대주에 의한 예산관리 및 자금관리가 이루어지고 현금흐름 관련 의사결정의 통제가 이루어져야 한다.

올바르게 설계된 프로젝트금융은 사업계획 수립부터 건설기간 및 운영기간을 포함한 전 기간 동안 현금흐름의 객관성, 고정성, 독립성 및 투명성이 확보된 경우라고 할 수 있다.

이와 같은 성립 요건을 갖춘 프로젝트금융은 기업 내부의 유보자금 사용이 아닌 자금조달이므로 외부금융(external financing)이고, 복잡한 사업구조 및 금융구조를 동반하게 된다. 또한 사업추진 주체인 출자자 관점에서는 부외금융(off balance sheet financing)이며, 비소구 또는 제한소구금융이다. 출자자가 진정한 사업 추진 주체이지만 프로젝트금융의 차주는 특수목적법인이다. 출자자의 재무상태표에는 특수목적법인의 부채(또는 차입금)가 표시되지 않는다. 그러므로 사업 추진 주체인 출자자 관점에서는 프로젝트금융을 통한 자금조달은 장부에 표시되지 않는 금융(부외금융)이다.

추진 동기

기업금융 방식이 아닌 프로젝트금융을 선택하는 동기는 소구권(또는 상환청구권)의 제한으로부터 오는 최대 손실 확정, 부외금융이어서 누리는 재무적 제약요인 회피 등을 들 수 있다. 그리고 일반적으로 프로젝트금융은 대주의 통제권 강화에 따라 높은 부채비율이 허용되는데 이로써 자기자본수익률(ROE, Return On Equity)을 제고하는 방법으로 선택되기도 한다. 또한 별도의 특수목적법인 설립을 통해 좀 더 완벽한 자산부채종합관리(ALM, Asset Liability Management)가 가능해진다. 반면에 복잡한 사업구조 및 금융구조로 인한 손실 발생, 면밀한 실사 및 보험부보 범위 확대에 수반되는 비용 증가, 대주의 강력한 통제 및 이에 따른 엄격한 보고의무 수행으로 인한 정보유출 가능성이라는 장애요인도 존재한다.

이렇듯 신규사업의 추진 주체는 소구권의 제한을 통한 부담 최소화와 총비용 증가의 상충관계를 고려하면서 금융 방식을 선택하게 된다.[20]

20 프로젝트금융의 성공 요건으로 ① 사업타당성 분석 ② 현금흐름 분석 ③ 원자재 및 산출물 시장 확보 ④ 경영진 및 시공업체의 전문성 ⑤ 위험의 적절한 배분 ⑥ 우호적인 정치환경을 들기도 한다(박동규, 2006).

프로젝트금융은 정보비대칭 상황에서 왜곡된 자원배분을 완화하는 자본구조 달성 방안으로(Shah and Thakor, 1987), 시장 불완전요소(market imperfections) 관련 비용 최소화 방법으로(Kensinger and Martin, 1988), 주인-대리인 문제로 인한 비용 감경 방안으로(Brealey et at., 2006) 유효하다. 또한 프로젝트금융은 고유한 구조적 특성으로 위험관리 기능을 제공한다. 위험자산을 독립 사업시행법인 내에 격리함으로써 자산별로 분리하여 자금을 조달하게 되어 과소투자(under-investment) 문제를 해결할 수 있다(Esty, 2004).[21]

결론적으로 프로젝트금융은 ① 장래의 현금수입을 확실히 예상할 수 있고 비용을 적절히 통제할 수 있는(fixed cash flow), ② 생산물 판매가 장기에 걸쳐 안정적인(well established market), ③ 검증된 기술을 사용하는(proven technology,) ④ 원리금 상환 능력이 충분한(financially feasible) 사업에 적합한 금융 방식이다. 단일 목적의 자본적 지출(CapEx, Capital Expenditure) 사업으로 자원개발사업과 도로 등 고정시설, 발전소 등 생산시설, 호텔 등 위락시설의 건설 및 운영 관련 자금조달에 주로 사용된다.

21 정보비대칭을 원인으로 하는 과소투자 문제는 기업 가치를 제고하는 투자를 실행하지 않음을 말하며, 자산별 분리 자금조달(financing separately)과 재무적 유동성 확보(financial slack)를 통해 해소할 수 있다(Myers and Majluf, 1984).

6.4

부동산 PF

우리나라의 부동산시장은 만성적 주택 부족 상황이라는 특수성 때문에 건설 전 선분양이라는 독특한 제도를 운용하면서 주택 구매자금융(buyer's credit)으로 건설자금을 조달해왔다. 그러나 1997년 금융위기 이후 신용도가 낮은 건설회사의 자금조달이 어려워지자 주택 공급 및 건설업 활성화의 목적으로 다양한 제도적 지원책이 마련되었다. 1998년 4월 '신탁업법' 시행령 개정으로 은행 금전신탁의 부동산 자산운용 근거가 마련되었고, 2001년 5월 '부동산투자회사법' 제정으로 부동산투자회사(REITs, Real Estate Investment Trusts)가 도입되었다. 이와 함께 프로젝트금융이라는 금융 방식의 적용도 적극적으로 시도되었다.

이러한 흐름 속에서 프로젝트금융이라는 용어가 부동산

개발사업과 관련하여 활발하게 사용되고 있다.[22] 대규모 부동산개발사업은 프로젝트금융에 적합한 사업적 특성을 갖고 있기도 하다. 그러나 프로젝트금융이 특정 금융 방식의 적용 결과라는 점을 이해한다면 부동산개발사업 관련 프로젝트금융(부동산 PF)이라는 명칭의 부적절한 용례를 쉽게 찾아볼 수 있다.[23]

먼저 특수목적법인 설립에 대해 살펴보자. 특수목적법인의 설립은 현금흐름의 독립성이라는 성립 요건을 충족하기 위한 필수적 방법이다. 하지만 차주 법인이 복수의 사업을 영위하는 경우에는 사업별 실적이 상호 영향을 미쳐 현금흐름의 독립성을 확보할 수 없다. 이러한 경우 사업별 회계 구분을 통해 보완하는 방법이 주로 사용된다.

부동산개발사업을 영위하는 계속기업의 순차적 자금조달

22 부동산개발사업에 대한 프로젝트금융의 최초 사례는 1997년 전후 부동산신탁회사가 시행한 토지신탁사업에 금융기관 대출이 시행된 것이다(정대석, 2004). 1997년 금융위기 이후 건설회사의 자금조달 능력이 위축된 상황에서 민간투자사업을 통한 프로젝트금융 경험이 축적된 금융기관의 관심이 부동산개발사업으로 향했다(김진 · 서정렬, 2008). 2000년대 이후의 풍부한 유동성과 부동산가격 급등을 부동산개발사업 관련 금융의 활성화 원인으로 볼 수 있다(고성수 · 류근묵, 2009).

23 금융 방식의 선택이 아니라 대상 사업에 따른 분류라는 오류가 2000년대 초반 민간자본 발전사업의 자금조달 과정에서 자주 발생했다. 발전소 건설 차입 요청이 들어오면 금융기관 내부에서는 프로젝트금융 담당부서의 소관이라고 인식했다. 예상 차주의 요구사항이 기업금융 방식인 경우에도 이러한 분류는 지속되었다. 예상 차주의 사업계획을 고려하여 기업금융과 프로젝트금융 중 하나의 금융 방식을 제안하는 것이 금융기관의 올바른 업무 행태일 것이다.

각각을 프로젝트금융이라고 칭하는 경우가 많은데, 적절하지 않다. 개별 사업의 사업성이 일정 기준에 미달하더라도 다른 사업의 양호한 실적을 고려하여 금융 의사결정이 이루어지는 것은 전형적으로 공동보험효과를 추구하는 기업금융의 본질적 특성에 해당한다.

다음으로 현금흐름의 고정성에 대해 살펴보자. 분양을 통한 매출이라는 인식이 주를 이루는 부동산개발사업에서 현금흐름의 고정성을 달성하기란 쉽지 않다. 유출 현금흐름의 고정성 확보는 가능하지만, 사전 매출계약이 충분한 경우를 제외하고는 유입 현금흐름의 고정성 확보가 불가능하다. 우리나라의 고유한 특성인 주거용 부동산에 대한 높은 수요를 고려하여 현금흐름의 고정성이라는 측면을 타협할 수는 있지만, 비주거용 부동산인 경우 현금흐름의 고정성 확보가 지난한 것이 사실이다.

부동산개발사업 관련 금융을 부동산 PF로 통칭하는 것은 옳지 않다.[24] 상황별로 선택된 금융 방식에 따라 명칭을 구분하여 사용하는 것이 올바르다. 일반적인 부동산 PF는 프로젝트금융과 비교하여 ① 낮은 기술성 ② 높은 자산담보 의존 ③ 상대

24 2000년대 초반, 금융기관 내부의 엄격한 규정 적용을 우회하기 위한 의도로 부동산 PF라는 용어를 사용하는 경향이 있었다. 신용등급 미달, 담보비율 초과, 자기자본 부족 등의 사유로 내부 규정을 충족하지 못하는 경우 기타 항목으로 엄격하고 세밀한 제한이 부재했던 프로젝트금융 관련 규정을 적용하는 관행이 용어의 오남용을 야기한 한 가지 원인으로 추정된다.

적으로 단순한 금융구조 등의 특성을 보유하므로 자산담보대출로 분류하는 것이 바람직하다(반기로, 2003).

부동산개발사업을 영위하는 계속기업의 자금조달은 명백한 기업금융이다. 회계 구분 등의 방법을 사용하여 프로젝트금융의 방법을 일부 차용한 기업금융으로 분류하는 것이 옳다.

7장

투자금융

7.1

차입과 대출

투자(investment)의 사전적 정의는 '더 많은 자금 확보를 목적으로 하는 자금의 사용'이다. 대표적 경제주체인 가계의 소비(consuming)와 저축(saving)으로 시작하여 투자 관련 개념들을 알아보자.

가계는 노동과 자본이라는 생산요소(factors of production)를 제공함으로써 소득(income)을 얻고 이를 소비함으로써 효용(utility)을 얻는다. 단위기간별 소득과 소비는 항상 일치하는 것이 아니므로 시간상 조정이 필요하다.

저축은 소비의 유보로 현재 소비를 미래로 미루는 선택이고, 차입(borrowing)은 미래 소득을 현재로 당기는 행위다.[1] 투

1 일부 개인의 소비가 차입을 통해 소득을 초과할 수는 있지만 모든 개인이 소득을 초과하는 소비를 할 수는 없으므로 개인은 자금의 흐름에서 공급자가 된다(임석필, 2009).

자는 유보된 현재의 소비를 최대한의 미래 소비로 전환하기 위한 자산의 취득 및 운용이라는 적극적 행위를 뜻한다. 이때 취득한 자산은 실물자산(real assets), 인적자산(human assets), 금융자산(financial assets)으로 나눌 수 있다.[2]

음(-)의 저축이라고 할 수 있는 차입의 반대 행위를 대출(lending)이라고 한다. 자금의 공급자로부터 수요자에게 자금의 흐름을 만들어내는 것이다.

우리가 일상생활에서 사용하는 '대출을 받다', '대출금을 상환하다'에서의 대출(금)(loan)은 자금수요자가 간접금융 채널을 이용하여 금융기관으로부터 차입을 하는 과정 또는 그로부터 수취하게 되는 금전을 말한다. 여기서 용어 사용의 혼란이 발생한다. 기업이 직접금융 채널을 이용하여 회사채라는 증권을 발행함으로써 자금을 조달할 때 '대출을 받다'라는 표현은 일반적으로 사용하지 않지만 회사채 보유자를 대주(lender)라고는 한다. 즉, 대출(lending)의 주체인 대주는 회사채 보유자로 존재하지만 대출(금)(loan)은 흔히 사용되지 않는 낯선 표현이 된다.[3]

이처럼 대출(lending)은 금융시스템 내의 모든 타인자본

2 이후부터는 특별한 언급이 없는 한 투자라고 하면 '금융자산에 대한 투자(금융투자, financial investment)'를 의미한다.

3 대출(lending)과 대출(금)(loan)이 학문적으로나 실무적으로 혼용되는 경우가 있지만, 실무상 용례에서는 명확한 구분이 필요하다. 일반적으로 대출(금)(loan)을 'bank loan'으로 지칭하여 구분한다.

제공 행위를 지칭하지만 실무상 용례에서는 이와 관련한 소통의 혼란을 어렵지 않게 발견할 수 있다. 이 혼란은 간접금융 채널을 통한 금융기관의 타인자본 제공(loan providing)만을 대출로, 그 금전을 대출금(loan)으로 정의하여 구분하면 피할 수 있다.[4]

이어서 기업의 자본구조와 자금조달에 대해 살펴보고 관련 논의를 정리해보자.

4 7장에서 이후부터는 대출이라고 하면 간접금융 채널을 통한 금융기관의 타인자본 제공 행위를 뜻한다.

7.2

기업의 자본구조

기업금융의 4대 주제는 자본조달(capital finance)과 그 결과인 자본구조(capital structure), 조달된 자본을 사용하여 자산을 구성하는 자본예산(capital budgeting), 그리고 자본조달과 자본예산 과정에서 의사결정 기준을 제공하는 자본비용(cost of capital)이다.

회계학에서 재무상태표의 대변은 부채(liability)와 자본(capital)으로 구성된다. 재무적 관점에서 재무상태표의 대변을 재구성하면 타인자본과 자기자본으로 나눌 수 있다. 자본의 성격에 따라 세분하면 타인자본, 혼합자본(mezzanine capital)[5], 자

5 혼합자본은 이탈리아의 건축 용어에서 유래했다. 'mezzanine'은 1층과 2층 사이에 지은 중간층을 가리킨다. 금융에서 'mezzanine capital'은 초기 단계의 벤처기업이 아니라 성숙 단계의 벤처기업에 투자되는 모험자본을 가리키기도 한다(8장 2절(177쪽) 참조).

그림 7-1 기업의 자금조달

자산(차변)	자본(대변)		
자산	타인자본	타인자본	회사채
			대출(금)
		혼합자본	CB, BW
			후순위대출(금)
	자기자본		우선주
		자기자본	보통주

기자본으로 나눌 수 있다. 그림 7-1은 재무상태표의 형식을 빌려 기업의 자본구조를 나타낸 것이다.

기업의 타인자본 조달은 직접금융 채널을 이용한 회사채 발행과 간접금융 채널을 이용한 대출(금)이 주를 이룬다. 혼합자본은 타인자본과 자기자본의 성격을 모두 가진 자본으로 중간자본이라 부르기도 한다. 대표적으로 전환사채(CB, Convertible Bond)와 신주인수권부사채(BW, Bond with Warrant)가 있는데 타인자본인 회사채(bond)이지만 자기자본인 보통주(stock)의 취득 가능성을 보유한다. 후순위대출(subordinated loan)은 선순위대출 대비 지급순위가 열위하므로 자기자본의 성격을 일부 갖는다고 볼 수 있다. 우선주(preferred stock)는 보통주(ordinary stock) 대비 지급순위가 우위하므로 타인자본의 성격을 일부 갖는다고 볼 수 있다.

혼합자본 중 전환사채, 신주인수권부사채, 후순위대출은 회계상 부채로 구분되고, 우선주는 자본으로 분류된다.

7.3

대출과 투자

간접금융 채널을 통한 금융기관의 자금공급(타인자본 제공)계약을 대출계약이라고 하면, 계약을 체결할 때 차주는 정해진 기간이 경과한 후 원금에 이자를 더해 원리금의 상환을 약속하게 된다. 만약 대출계약에 내재된 위험이 동일하다면 대주는 가장 높은 이자율을 약속하는 차주와의 계약을 선호할 것이다. 이 같은 대출 행위는 금융투자의 정의에 비추어보면 투자의 개념 범위에 들어온다. 그러나 실무상으로 두 용어를 명확히 구분하여 사용하지 않으면 원활한 의사소통에 지장을 받을 수 있다.

그림 7-2에서 사각형 전체를 투자의 영역이라고 하면 대출이 일부를 차지하고 대출을 제외한 영역을 협의의 투자라고 할 수 있다. 그런데 투자라는 용어를 사용할 때 그림에서처럼

그림 7-2 투자와 대출

전체 영역인 광의의 투자를 지칭할 때가 있고 협의의 투자를 가리킬 때도 있다. 하지만 대출과 대비되는 개념으로 사용할 때는 명확히 협의의 투자를 뜻하는 것이다. 맥락에 따라 광의의 투자와 협의의 투자를 적절히 구분해야만 학습 과정에서나 실무 과정에서 혼돈을 피할 수 있다.

투자의 일반적 정의는 '미래 이익 수취를 기대하면서 행하는 현재시점의 금전 또는 다른 자원의 투입'이다(Bodie et al., 2008).

> 통속적인 용법에서는 투자란 개인 또는 법인(회사)에 의한 자산-새로운 것이건 또는 전부터 있던 것이건 간에-의 구입을 의미하는 것이 보통이다. 경우에 따라서는 이 용어는 증권거래소에서의 자산의 구입에 한정되는 수도 있다(존 메이너드 케인스, 조순 옮김, 2007).

《금융실무대사전》에는 보다 자세히 정의되어 있다.

투자란 포괄적인 의미로 현재 가지고 있는 자본을 운용하여 보다 많은 미래 수익을 얻고자 하는 행위를 말한다. 즉, 미래의 불확실하지만 보다 큰 수익을 얻기 위한 현재의 확실한 경제적 희생을 의미하며, 따라서 투자 행동은 저축과는 달리 위험 또는 불확실성, 시간보상, 위험보상 등으로 특징지어진다. 증권 관련 법규에서는 투자의 개념을 유가증권만을 대상으로 하는 자금의 운용으로 한정하고 있다(한국금융연수원, 2006).

이상의 내용에 비추어 투자와 대출의 의미를 정리하면 다음과 같다.

첫째, '투자는 금융시장 채널을 이용한 자금의 흐름이고, 대출은 금융기관 채널을 이용한 자금의 흐름이다.' 그림 7-2에서 대출을 제외한 투자는 증권(그림 7-1에서의 회사채, 전환사채, 신주인수권부사채, 우선주 및 보통주)의 거래를 통한 금융을 뜻하고, 대출은 대출(금)과 후순위대출(금) 형태의 금융을 말한다. 투자라는 용어는 자기자본뿐 아니라 타인자본 조달에도 사용되지만, 대출은 타인자본 조달과 관련해서만 사용된다.

둘째, '투자에 비하여 대출의 위험은 크지 않다.' 저축은 '소비하지 않음'이라는 경제학적 의미를 갖지만 일상용어에서는 적극적인 의미도 내포한다. '은행예금에 저축한다'라는 표현은 소비를 하지 않는다는 소극적 의미에서 한발 나아가 화폐의 시간가치를 고려한 조금은 더 능동적인 의미를 갖는다. 소비하지 않고 저축한 금전이 대출계약을 통해 자금수요자에게 공급되고 원본 이상의 회수가 기대되기 때문이다. 대출계약은 사전에 이자율이 확정되고 최우선 변제권이 확보되므로 차주의 지급불능이라는 극단적인 경우를 제외하면 이로부터 발생하는 수익의 변동 가능성이 매우 낮다. 또한 회사채를 통한 자금의 흐름에 비해 유통시장의 부재 또는 불충분으로 인해 계약기간 종료 전에 (광의의) 투자실적의 변동 가능성도 낮다. 그러므로 대출은 위험이 없는 (광의의) 투자는 아니지만, (협의의) 투자와 비교하여 수익이 일정 수준 이상 확정된 (광의의) 투자로 봐도 큰 무리는 아니다.[6]

6 그래서 대출계약에서는 '이자율'을, 투자계약에서는 '(기대)수익률'을 사용한다.

7.4

투자금융

투자금융회사

투자금융회사(investment finance company)는 1972년 제도권 금융으로의 사금융(私金融) 흡수 및 금융시스템의 다원화 등을 목적으로 재정된 '단기금융업법'을 근거로 설립되었다.[7] 일명 단자회사(短資會社, short-term investment finance company)로 불렸다. 단자란 금융기관의 상업어음 할인 등에 쓰이는 단기성 자금 또는 금융기관 상호 간의 단기자금 거래를 뜻

7 단기금융업법은 1972년 8월 17일 시행되었다. 그전인 8월 2일 심야에 발표한 '경제안정과 성장에 관한 긴급명령 제15호(일명 8 · 3조치)'의 후속 입법이었다. 8 · 3조치는 사채동결과 금리인하로 기업의 재무구조를 개선하려는 목적이었다. 그 결과, 약 3,500억 원의 사채가 동결되었고 약 2,500억 원의 저금리 대출이 지원되었다. 이 조치에 대해 다수의 희생으로 독점 대기업의 위기를 타개하기 위한 국가권력의 폭거라는 시각도 있다.

하며, 거래가 이루어지는 시장을 단자시장(short-term finance market)이라고 한다.

금융시스템의 원활한 기능 유지를 위해 자금 과부족이 발생한 금융기관 상호 간의 자금 융통이 필요할 때가 있는데, 단자회사의 전문적 중개를 통해 거래가 이루어지기도 하고, 금융기관 간에 직접 거래하는 경우도 있었다. 단자회사는 1991년 정부의 금융산업 구조개편의 일환으로 증권회사나 종합금융회사로 전환되었다.

투자금융회사의 주요 업무 중 하나는 개인투자자들의 자금을 모아 기업어음 및 회사채에 투자하는 것이다. 기업어음 및 회사채 시장은 거래 단위금액이 커서 자금잉여자인 가계의 직접 참여가 곤란했다. 투자금융회사란 명칭은 이처럼 해당 금융기관의 업무 행태에서 유래했다고 볼 수 있다.

투자은행

투자은행(investment bank)은 대공황(Great Depression) 발발 이후인 1933년 미국에서 제정된 '은행법(Banking Act of 1933. 일명 Glass-Steagall Act)'에 의해 은행 업무의 분리가 이루어지면서 생겨난 금융기관이다. 은행을 여신[8] 및 수신을 주업으로 하는 상업은행(commercial bank)과 유가증권의 인수 및

8 여신은 1999년 은행법 개정 이전의 기업의 은행 차입 관련 신용관리 기준 설정을 위한 개념으로 대출과 지급보증을 포함한다. 여신을 대체한 새로운 개념이 신용공여인데, 대출과 지급보증에 더해 자금지원 성격의 유가증권 매입과 기타 금융거래에서 신용위험을 수반하는 직간접거래 등이 추가되었다.

매매를 주업으로 하는 투자은행으로 양분하고 두 업종의 겸업이 금지되었다. 이 과정에서 투자은행이 수행하는 업무는 투자은행업(무)(investment banking)이라는 이름을 갖게 되었다. 고객을 상대로 유가증권 매매거래를 지원하는 업무에 집중하는 회사는 보통 증권회사(securities firm)라고 하는데, 은행을 붙여 투자은행이라고 명명한 것은 미국의 역사적 특수성에서 유래한 사실이다(한국금융연수원, 2006).

투자은행업(무)은 좁게는 대규모 자금조달 지원 업무와 인수합병 자문으로 국한된다. 자금조달 지원 업무의 핵심은 총액인수(underwriting)다.[9] 추후 매출을 목적으로 발행증권 전액을 매입함으로써 발행 위험을 부담하고 발행 사무도 대행하는 기능을 말한다. 투자은행업(무)은 증권거래 지원업무(sales, trading, syndication, research)와 자산운용(investment management)[10]을 포함한다(Liaw, 2006).

1950년대의 동서냉전, 1960년대 미국의 금리상한 규제

9 인수(underwriting)는 증권 발행자와 증권 투자자 사이에서 이루어지는 투자은행의 중개 행위를 말하며 위탁모집(best effort underwriting), 잔액인수(stand-by underwriting), 총액인수(firm commitment underwriting)로 구분하기도 한다. 위탁모집은 투자자 모집 후 잔여 증권을 발행자에게 반납하는 방식으로 모집주선이라고도 한다. 잔액인수는 투자은행이 투자자 모집 개시 시점부터 일정 기간이 경과한 후 잔여 증권을 사전 약정 가격으로 인수하는 방식이다(임석필, 2006).

10 개인의 소규모 자금 운용은 'asset management', 기관의 대규모 자금 운용은 'investment management'로 구분하기도 한다.

및 자본유출 규제, 1970년대의 오일쇼크(oil shock)로 인한 오일달러(oil dollar)의 환류 등을 계기로 유로시장(Euro market)[11]이 형성되면서 다수의 대주가 참여하는 차관단대출(syndicated loan)이 활성화되었다. 이 시장을 흔히 유로신용시장(Euro-credit market)이라고 한다. 차관단대출은 상업은행에 의해 주도되었으나 거래의 대규모성 및 중장기성 등의 특성으로 증권거래에서의 투자은행업(무)을 모방하며 발전했다.

1990년대 이후 프로젝트금융의 성행과 더불어 차관단대출이 일반화하는 흐름과 1999년 미국의 '금융서비스현대화법(The Financial Services Modernization Act. 일명 Gramm-Leach-Bliley Act)' 제정으로 '은행법(Glass-Steagall Act)'이 사실상 폐기되면서 동일 금융지주회사(financial holding company) 내 상업은행과 투자은행의 실질적 겸업 흐름이 결합하여 신조어 CIB(Commercial and Investment Bank)를 만들어냈다. 상업은행과 투자은행을 겸업하는 금융기관이라는 뜻이다. 우리나라에서는 (상업)은행[12]의 기업금융과 투자은행업(무)을 연계하는 개념

11 유로시장(Euro markets)은 특정 통화로 표시된 자금이 해당 통화 발행국가 외의 국가에서 거래되는 시장을 말한다. 1950년대 소련을 위시한 동유럽 공산주의국가들이 정치적인 사유로, 미국 정부의 예금동결조치에 대한 염려와 불안으로, 유럽 소재 은행에 달러표시 예금계약을 개시한 것을 기원으로 한다.

12 우리나라는 상업은행과 투자은행이라는 구분 대신 은행과 금융투자회사라는 명칭을 사용한다.

인 CIB(Corporate and Investment Banking)가 사용되고 있으며, 금융지주회사 내 자회사인 은행의 기업금융부서와 다른 자회사의 투자은행업(무)부서와의 연계 및 통합 방식으로 운영된다.

투자금융

투자금융(investment finance)은 확고한 학문적 정의를 갖고 있는 용어는 아니다.[13] 다만 상업은행의 고액 자산가를 대상으로 하는 개인금융(private banking) 업무 중 가계의 투자활동을 지원하는 금융, 기업과 정부의 실물투자활동을 지원하는 금융(European Investment Bank, 2013)이라는 2가지 흐름을 확인할 수는 있다. 투자금융이라는 용어가 투자은행업(무)과 혼용되는 경우도 있지만, 투자은행업(무)의 정확한 개념에 맞게 사용되는 것도 아니다.

우리나라에서는 1990년대 말부터 2000년대 초에 은행을 필두로 보험회사 등의 금융기관에서 투자금융부(investment banking department)를 설치하기 시작했다. 민간투자사업, 부동산개발사업 및 기업 인수합병 관련 타인자본 제공이 주요 업

13 미국의 경제전문지 〈배런스(Barron's)〉에서 발행한 3가지 금융사전(dictionary of banking terms in 2000, dictionary of international investment terms in 2001, dictionary of finance and investment terms in 2003)에서도 이 용어를 찾아볼 수 없다. 한국금융연수원(2006)의 《금융실무대사전》에서는 투자금융회사(단자회사)에 대해 설명하고, 매수, 인수, 대행의 증권 업무를 영위한다고 정의하고 있다.

무였다. 이 과정에서 금융자문(financial advisory)도 이루어지고, 2004년 '간접투자자산운용업법' 제정을 계기로 자기자본 투자도 활발해졌다.[14] 신설된 투자금융부는 투자은행업(무)을 고려하여 부서의 영문 표기도 이에 따랐다. 그러다가 투자은행업(무)이 증권거래에 집중한다는 사실을 반영하여 인프라금융부, 프로젝트금융부, 구조화금융부 등으로 명칭을 변경하는 경우가 많아졌다. 투자금융부라는 명칭은 이전의 투자금융회사의 개념에도 부합하지 않는다.[15]

투자금융이라는 용어는 광범위하게 빈번히 사용되므로 명확한 정의가 필요하다. 투자은행업(무)과 구별되는 의미를 부여하거나 동일한 개념으로 정의하는 선택이 가능할 것이다.[16] 다만 투자은행업(무)이라는 개념이 투자은행이 수행하는 업무

14 집합투자기구를 통한 투자를 간접투자, 그 외의 경우를 직접투자라고 한다.

15 투자은행업(무)을 염두에 두고 투자금융부를 설치할 때 업무 방법을 제정하면서 자기자본 투자(또는 증권거래)와 타인자본 (광의의) 투자를 구분하기 위해 '투자성투자금융'과 '여신성투자금융'이라는 용어를 사용하기도 했다. 업무 방법 제정 당시의 급박함으로 이해할 수 있을 것이다. 그리고 투자금융부에서 취급하는 금융자산을 투자금융자산이라는 이름으로 계량하는 경우도 있는데, 이 또한 적절하지 않다. 투자은행업(무)은 대규모 자금의 조달 관련 행위에 중점을 둔 개념이고 증권의 거래에 집중되기 때문이다. 기업금융과 투자은행업(무)을 연계하는 개념의 신조어인 CIB(Corporate and Investment Banking)를 사용하면서 이와 관련한 금융자산을 투자금융자산으로 계량하는 것은 모호하고 비논리적이다.

16 2가지 선택 모두 적절함의 일면을 포착한다. 투자금융(investment finance)을 투자금융업(무)(investment banking)과 동일한 개념으로 이해하는 것이 가장 간단한 선택이지만, 이와는 다른 더 나은 방법을 모색하고자 시도하는 것이 이 책의 의도다.

를 지칭하면서 정립되었으므로 관련성은 인정하되 이와는 별도로 투자금융을 정의하는 것이 바람직하다.

투자금융회사(단자회사)의 업무를 투자금융으로 정의하는 것은 그 적절성에 의문이 든다. 또한 가계의 투자 행위를 지원하는 금융을 투자금융이라고 하기에는 개념의 영역이 너무 좁고, 기업과 정부의 투자 행위를 지원하는 금융을 포괄하여 투자금융이라는 하나의 용어로 지칭하기에는 그 영역이 너무 넓다.

대출과 증권의 매입 업무를 함께 영위하는 금융기관의 경우 전자의 업무를 담당하는 부서는 기업금융부(팀), 후자의 업무를 담당하는 부서는 투자금융부(팀)라고 부르는 것이 일반적이다. 이러한 명칭 사용이 모든 사례 중에서 비교적 가장 적절한 경우라고 할 수 있다.[17]

17 증권의 거래(투자, investment)와 자금의 흐름(금융, finance)이라는 정의에 가장 충실하다.

Financial

8장

대체투자

8.1

대체투자 개요

대안투자 또는 대체투자(AI, Alternative Investment)[1]는 전통투자(traditional investment)에 대비되는 개념으로 전통자산(traditional assets)과 상관관계가 낮은 대체자산(alternative assets)을 투자 포트폴리오에 편입함으로써 효율성을 제고한다는 의의를 갖는다.

1 기업의 실물투자를 목적에 따라 분류하면 대체투자(replacement investment), 확장투자(expansion investment), 신제품투자(new product investment), 전략투자(strategic investment)로 나눌 수 있다. 확장투자는 생산력 확충 목적, 신제품투자는 신기술이나 신제품 개발 목적, 전략투자는 새로운 산업에 진출하거나 산업 내에서의 획기적인 지위 제고를 위한 대규모 장기투자를 말한다(임석필, 2006). 본문에서의 대체투자(alternative investment)는 생산성 제고를 위해 기존 설비를 교체하는 실물자산에 대한 대체투자(replacement investment)와 다르므로 구별해야 한다.

그림 8-1 대체투자 분류

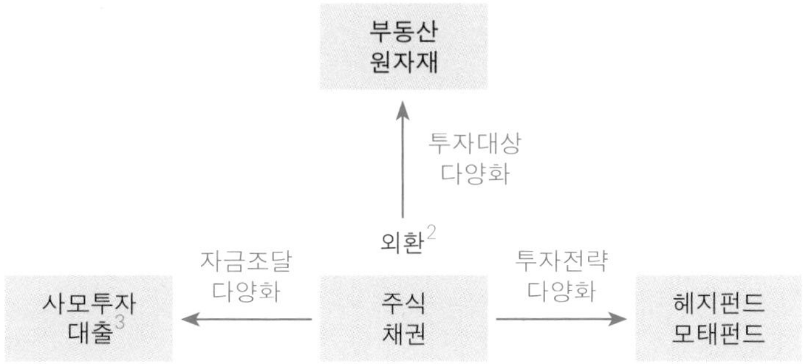

넓은 의미에서 대체투자는 전통자산인 주식(stock)과 채권(bond)[4] 투자 외의 모든 투자를 가리키며, 때로는 새로운 전략으로 수행되는 주식과 채권 투자를 포함하기도 한다. 투자활동의 다양화에 따라 전통투자에서 대체투자로 투자의 스펙트럼이 확대 전개되는 것으로 볼 수 있다. 그림 8-1은 다양화

2 외환투자는 외화 표시 전통투자의 위험관리 등 부수 행위로 보면 전통투자에 포함되지만, 통화를 투자 대상으로 확대한 것으로 보는 관점에서는 대체투자로 분류한다. 그래서 외환투자를 준전통투자로 분류하기도 한다(신용원, 2009).

3 증권의 거래가 아닌 금융기관의 타인자본 제공 행위를 뜻한다. 전통투자를 매우 좁게 정의하고 자금조달의 다양화라는 측면에 집중하면 대체투자로 분류할 수 있다.

4 채권(債券, bond)은 차입을 위해 발행하는 유가증권으로 수익이 확정되어 있다는 의미에서 확정수익증권(fixed income)이라고도 부른다. 채권(債權, receivables)은 재산권으로 특정인이 다른 특정인에게 어떠한 행위를 청구할 수 있는 권리를 말한다.

의 동인에 따라 대안적 투자 대상(alternative investee), 대안적 투자전략(alternative strategy), 대안적 자금조달(alternative financing)로 구분한 것이다(신용원, 2009).

대안적 투자 대상이란 자금공급자의 입장에서 새로운 투자 대상이라는 의미로 부동산, 원자재 등에 대한 투자를 말하고, 대안적 투자전략은 헤지펀드(hedge fund), 재간접펀드(또는 모태펀드, fund of funds) 등에 대한 투자를 말한다.[5] 대안적 자금조달은 증권 발행 기업의 관점에서 새로운 자금조달이라는 의미로 사모주식투자(private equity investment)로 대표된다.

금융기관의 자산 보유 현황에 따라 금융시스템 내의 역할을 구분할 수 있다. 증권이 주를 이루고 있으면 투자자(financial investor)로, 대출채권(loan receivables)이 주를 이루고 있다면 대출자(또는 대부자 및 대여자, loan provider)로 나누면 된다. 대부분의 금융기관은 2가지 자산을 모두 보유하고 있지만 점유비율 및 기관의 성격에 비추어 투자자와 대출자로 구분할 수 있다. 예를 들어 연금기금의 운용자산 1,000억 원 중에서 900억 원이 주식·채권이고 100억 원은 민간투자사업 관련 대출채권

5 운용 방법을 기준으로 대체투자의 특징을 살펴보면, ① 사모펀드의 형태를 취하고 있으며 ② 매수 및 매도 포지션을 모두 취하며 ③ 다양한 금융자산을 투자 대상으로 하며 ④ 레버리지가 높고 ⑤ 인센티브 보수가 있고 ⑥ 기본적으로 절대수익을 추구한다는 점을 들 수 있다(한국금융연수원, 2006). 이 설명은 대안적 투자전략의 특징으로 볼 수 있다.

이라면 이 연금기금은 투자자이고 대출채권은 대체투자로 분류할 수 있다. 여신전문금융회사의 총자산 1,000억 원 중에서 500억 원이 코스피(KOSPI) 상장기업 대출이고, 400억 원은 코스닥(KOSDAQ) 상장기업 대출, 100억 원은 민간투자사업 관련 대출이라면 이 회사는 대출자이며 민간투자사업 관련 100억 원의 대출금을 대체투자로 분류하는 것은 적절하지 않다.

대체투자는 투자자 관점에서의 분류이므로 대출자에게 적용하는 것은 맞지 않다. 투자자와 대출자의 역할을 겸하고 있는 금융기관에는 제한적 적절성을 갖지만 실효성은 크지 않다.

사모주식투자는 거의 모든 경우에 대체투자로 분류할 수 있다. 하지만 부동산에 대한 대출을 대체투자로 분류하는 것은 부적절한 경우가 대부분이다.

대체투자는 상황에 따라 정의 및 적용의 적절성이 유동적인 개념이다. 논의의 목적과 자금공급자의 성격에 따라 용어 사용의 타당성이 결정된다.[6]

6 금융감독기관에서 투자자가 아닌 대출자인 금융기관에 대체투자 현황을 제출하라고 요구하는 경우가 있다. 물론 광의의 투자 개념으로 대출자에게도 대체투자라는 개념을 적용할 수는 있으나, 감독의 목적에 따라 명확하게 부동산 관련 대출(또는 투자) 현황 또는 사모주식투자 현황으로 특정하는 것이 바람직하다.

8.2

사모투자

사모발행

유가증권의 발행은 공모발행(public offering)과 사모발행(private placement)의 2가지 방법 중에서 선택할 수 있다.

공모발행은 일반 투자자를 대상으로 하는 공개적인 발행을, 사모발행은 특정인을 대상으로 하는 비공개 발행을 말한다. 공모는 신규발행 유가증권의 취득 청약을 권유하는 모집과 기발행 유가증권의 매도 또는 매수 청약을 권유하는 활동을 아우르며, 공모를 통한 유가증권 발행을 공모발행이라고 한다. 공모발행이 아닌 경우를 사모발행이라고 한다. 사모발행의 경우에는 공모발행에서 투자자 보호를 위해 요구되는 절차의 일부가 면제된다.

사모발행펀드(private placement fund)는 사모의 방법으로 증권을 발행하는 집합투자기구로 투자자(수익자)가 불특정 다수가 아니므로 공모(발행)펀드 대비 규제가 적다.

사모투자

비상장증권에 대한 투자를 사모투자(private equity investment)라고 한다. 'private equity'는 공개시장을 통해 매각이 불가한 투자자산으로 폭넓게 정의할 수 있다. 이 경우에는 장기 비유동적 투자에 사용되는 자본(private capital)이라는 의미를 갖는다. 좁게 정의하면 사모투자자(private equity investors)가 운용하는 투자자산이다.[7]

사모투자의 전략은 차입매수(LBO, Leveraged Buyout)[8], 벤처자본 및 성장자본(growth capital)의 제공, 성숙 단계에 진입한 벤처기업에 대한 투자(mezzanine investing)[9]와 재무적 곤경에 처한 기업에 대한 투자(distress investing)[10] 등으로 나눌

7 본문의 사모투자자는 사모투자회사(private equity firm), 벤처투자회사(venture capital firm), 엔젤투자자(angel investor)를 포함한다.

8 매수(buyout)는 소유지분(ownership equity) 또는 지배지분(majority share of stock)을 취득하는 것을 말한다. 새로운 차입을 통한 기존 차입금 상환으로 자본구조 변경이 이루어지므로 차입매수(LBO, Leveraged BuyOut))가 일반적인 형태다.

9 7장 2절(156쪽) 참조.

10 이러한 전략을 'special situations'라고 칭하기도 한다. 소유지분 또는 지배지분을 취득하는 경우가 일반적이므로 전통적인 매수(buyout)전략의 하위 부문으로 구분하기도 한다. 한 사모투자자가 두 전략을 병행하기도 하지만 사모투자자별로 특화되어 있는 경우가 일반적이다.

수 있다.

사모투자라는 용어는 'private equity'의 번역 및 조어 과정에서 나온 불완전한 결과물이다. 개념의 핵심이 자본의 성격에 있음에도 발행 절차를 가리키는 '사모'라는 단어가 사용됨으로써 모호함을 남겼다.[11] 또한 주식 외에 채권투자를 병행하는 경우도 있으므로 용어에서 오는 혼란이 가중되기도 한다.

사모펀드

사모펀드라고 하면 주로 사모주식펀드(PEF, Private Equity Fund)를 가리키지만, 주식 외의 자산에 대한 투자도 가능하므로 사모주식펀드보다 사모펀드라는 용어를 선호하는 경향이 있다. 이렇게 사모펀드를 폭넓게 정의하면 헤지펀드, 벤처펀드도 모두 포함할 수 있다. 하지만 헤지펀드나 벤처펀드 등과 구분되는 좁은 의미의 사모펀드는 지배주주 지분을 확보하는 매수(buyout)전략을 주로 사용하는 사모주식펀드를 뜻한다.[12] 발행 절차에 치중하여 모든 사모발행펀드를 사모펀드라고 부르기도 하는데, 앞서 언급한 것처럼 개념의 혼란이 생길 수 있다.[13]

11 물론 사모투자는 사모발행의 절차를 따른다.

12 8장에서 이후부터는 사모펀드가 좁은 의미의 사모주식펀드를 가리킨다.

13 어느 국책 연구기관의 외부 연구진으로 활동하던 시기에 한 연구원이 사모특별자산투자신탁을 사모펀드라고 칭하며 "부도덕한 사모펀드가 국책사업에 참여하는 것은 타당하지 않다"고 말하는 내용을 들은 적이 있다. 외국계 사모펀드의 위법 행위에 대한 논란이 한창이던 때라 어떤 우려를 하는지는 짐작했으나 용어 사용의 부적절함을 설명하기는 쉽지 않았다.

사모펀드는 기업의 통제권을 확보하여 가치를 제고한 후 지분 재매각을 통해 차익을 실현한다. 사모펀드의 기업 가치 제고는 비용 감소를 통한 수익성 제고, 적극적인 차입금 상환을 통한 사모투자의 이익 실현이라는 방법으로 이루어진다.

바이아웃펀드(buyout fund)[14]는 기존 주주를 퇴출시키거나 때로는 비상장기업화함으로써 각종 규제 및 감시로부터 자유로워진 상태에서 기업 가치를 제고한 후 지분 재매각 또는 재상장을 통해 이익을 실현한다. 차입매수의 경우 처음에 조달한 차입금을 영업이익으로 적극 상환함으로써 사모펀드의 차익 실현 여지를 증가시킨다.[15]

턴어라운드펀드(turn-around fund)는 가치 제고의 핵심을 기업 구조조정에 둔다. 파산에 직면한 기업의 지배권을 확보한 후 구조조정을 통해 가치를 제고하는 전략을 사용한다.[16]

14 바이아웃펀드는 1980년대 중반 투기등급 회사채(junk bond)시장 확대로 자금조달이 수월해진 이후 활성화되었다. 때로는 적대적 인수합병(hostile M&A)을 시도하기도 한다. 정크본드시장은 '정크본드의 제왕'으로 불리는 마이클 밀컨(Michael Milken)이 주도했는데, 정상화에 1,400억 달러의 세금이 투입된 1989년 저축대부조합(S&L, Savings and Loan Association) 사태의 원인이 바로 정크본드 투자로 인한 손실이었다. 밀컨은 횡령 등의 혐의로 수감되었다.

15 매수 기업의 이익창출력이 동일하게 유지된다고 가정할 때 매수 금액 100억 원 중 50억 원을 차입금으로 조달한 후 발생 영업이익으로 적극 상환하여 차입금 잔액이 30억 원이 되면 펀드의 가치가 50억 원에서 70억 원으로 증가하게 된다.

16 사모펀드는 1940년대 후반 미국에서 전쟁 중 개발된 군사기술의 상업화를 위해 자금을 조달한 것을 계기로 탄생했으므로 벤처펀드의 일종으로 볼 수 있다. 턴어라운드펀드는 1978년 경영권 보장 및 채무동결 등 기업 재생에 유리한 연방도산법 개정(Chapter 11) 이후 활성화되었다(이찬근, 2011).

사모펀드는 시장 기반 전략을 사용하고 실적 평가도 벤치마크지수(benchmark index)와의 비교를 통해 이루어지는 공모펀드와 달리 고유한 운용 능력에 기반을 둔 전략을 구사한다(신용원, 2009).

사모펀드의 성장 원인은 무엇보다 높은 수익률 실현에 있다. 그러나 전체 실적을 살펴보면 펀드별 성과 차이가 크고 전략의 유효성에 따라 그 차이가 결정되므로 투자 의사결정 과정에서 운용 능력에 대한 검증이 가장 중요하다.

헤지펀드

헤지펀드(hedge fund)는 다양한 시장에서 각종 증권거래를 수행하는 광의의 사모펀드의 일종이다. 다른 펀드와의 특징적 차이점은 파생금융상품과 레버리지(leverage)[17]의 적극적 활용, 저평가 자산을 매입하고(long) 동시에 고평가 자산을 매도하는(short) 롱숏전략(long-short strategy)의 구사다(Liaw, 2006). 전반적인 가격 상승 국면에서는 매입 포지션(long position)에서 발생하는 이익이 매도 포지션(short position)에

17 레버리지는 차입을 동반하는 투자를 통해 발생 손익의 규모를 확대하는 지렛대효과를 추구하는 것이다. 사전에 예상한 방향대로 결과가 실현되면 이익 규모가 확대되지만, 사전 예상과 반대 방향으로 결과가 실현되면 손실 규모가 확대된다. 또한 레버리지 투자는 이자율 상승에 극히 취약하다. 첫째, 이자율이 상승하면 이자부담 증가 때문에 곧바로 투자수익률이 악화된다. 둘째, 이자율 상승은 확정수익을 보장하는 투자 대상의 매력도를 높여 그 외 보유자산(주식 등)의 매도를 재촉함으로써 추가적인 가격 하락을 야기한다.

서 발생하는 손실을 압도할 것으로 기대하고, 전반적인 가격 하락 국면에서는 매도 포지션에서 발생하는 이익이 매입 포지션에서 발생하는 손실을 압도할 것으로 기대하는 전략이다. 포지션별 손익의 상쇄효과로 거래 단위당 이익 규모는 크지 않지만 레버리지를 통해 거래 규모를 키움으로써 투자금액 대비 높은 수익률을 추구한다.[18]

헤지펀드가 사모펀드와 다른 점은 상장주식 투자 비중이 높다는 것이다. 사모펀드도 상장회사 주식을 취득하는 경우가 있지만 그 비중이 크지는 않다. 또한 헤지펀드는 투자 실행과 이익 실현의 간격이 짧다. 여기서 헤지펀드와 사모펀드의 두 번째 차이점을 찾을 수 있다. 사모펀드는 기업 가치를 제고한 후 이익 실현을 추구하는 장기투자자(long-term investors)인데 비해 헤지펀드는 특수한 상황을 이용하여 주로 단기거래자(short-term traders)로 활동한다.

18 최초의 헤지펀드는 1949년 미국의 앨프리드 존스(Alfred Jones)가 설립한 제너럴파트너십(General Partnership)이 설정한 펀드다(이찬근, 2011).

8.3

벤처투자

벤처투자(venture capital investment)는 벤처기업(모험기업, venture business)에 대한 모험자본(VC, Venture Capital) 투자를 말한다. 벤처기업은 고위험 · 고수익(high risk & high return) 사업을 영위하는 기업으로 높은 실패 가능성 때문에 모험자본의 투자 대상이 된다. 모험자본은 위험자본(risk capital)이라고도 하며, 성장잠재력이 큰 창업기업(startup firms)이나 소규모 기업 투자에 적합한 자본을 말한다.

벤처투자회사(venture capital company)는 모험기업 또는 자금이나 경영 능력이 부족한 신기술 보유 중소기업에 모험자본을 투자하는 금융기관을 말한다. 자금 지원 외에 컨설팅 등의 경영 지원도 제공한다. '중소기업창업지원법'에 의해 설립된 중소기업창업투자회사 및 '여신전문금융업법'에 의해 설립된 신기술사업금융회사가 이에 해당한다.

일반 기업의 자금이 벤처기업에 투자되는 경우도 있다. 이익 창출, 전략적 제휴, 생산시설 확보 등의 목적으로 투자가 이루어지며, 이것을 일컬어 기업주도형 벤처캐피탈(CVC, Corporate Venture Capital)이라고 한다.

벤처기업의 성장 단계, 자금조달 차수(次數), 투자금의 규모에 따라 벤처투자를 시리즈 A, B, C로 구분하기도 한다. 이는 실리콘밸리의 벤처투자 관행을 차용한 것이다.

시리즈 A는 최소구현제품(MVP, Minimum Viable Product) 확보 단계다. 최소한의 기능을 구현한 제품을 통해 시장 진출을 위한 자금 확보가 목적이다. 시리즈 B는 수익 창출이 시작되는 단계로 기술 유효성 검증 목적의 자금이 제공되고, 마케팅, 연구개발, 인력 확보의 목적으로 자금이 사용된다. 시리즈 C는 시장만족제품(MFP, Market-Fit Product)을 통한 사업 확장 가능성을 검증하는 단계이고, 시장점유율 확대 목적으로 자금이 사용된다. 시리즈 A 이전의 초기 단계에서는 아이디어의 구현 가능성 및 시장 존재 여부를 검증하기 위한 초기 자금(seed capital)이 엔젤투자자에 의해 제공된다.

실제로 시리즈 A, B, C는 제1회, 제2회, 제3회 각각의 자금조달을 가리키는 의미로 쓰이는 경우가 많다. 그래서 시리즈 D, E 등의 표현도 종종 사용된다.

8.4

집합투자

일상적으로 펀드[19]라고 부르는 집합투자기구는 '자본시장과금융투자업에관한법률'에서 금융투자업으로 규정한 6가지 유형 중 하나인 집합투자업을 영위하는 자를 말한다.[20] 집합투자업은 집합투자를 영업으로 하는 것이고, 집합투자는 2인 이상의 투자자로부터 모은 금전 등을 투자자들의 일상적 운용 지시를 받지 않으면서 재산적 가치가 있는 투자 대상의 자산을 취득 · 처분, 그 밖의 방법으로 운용하고 그 결과를 투자자들에게 배분하여 귀속시키는 것이다.

19 최초의 펀드는 1868년 영국에서 미국, 인도 등지에 투자할 목적으로 조성된 해외 식민지 · 정부 신탁(Foreign & Colonial Government Trust)이다(이찬근, 2011).

20 금융투자업은 투자매매업, 투자중개업, 집합투자업, 투자자문업, 투자일임업, 신탁업으로 분류한다.

집합투자기구는 집합투자를 수행하기 위한 기구로 ① 신탁 형태의 투자신탁, ② 상법에 따른 주식회사 형태의 투자회사, ③ 상법에 따른 유한회사 형태의 투자유한회사, ④ 상법에 따른 합자회사 형태의 투자합자회사, ⑤ 상법에 따른 유한책임회사 형태의 투자유한책임회사, ⑥ 상법에 따른 합자조합 형태의 투자합자조합, ⑦ 상법에 따른 익명조합 형태의 투자익명조합으로 구분된다.

사모집합투자기구는 집합투자증권을 사모로만 발행하는 집합투자기구로, 투자자의 범위에 따라 기관전용사모집합투자기구와 일반사모투자집합투자기구로 구분한다. 기관전용사모집합투자기구는 투자자가 개인이 아닌 자로서 전문투자자 중 대통령령으로 정하는 자 또는 기타 전문성 또는 위험감수 능력을 갖춘 자로서 대통령령으로 정하는 자로만 구성된 투자합자회사인 사모집합투자기구를 말한다. 집합투자증권은 집합투자기구에 대한 출자지분(투자신탁의 경우 수익권)을, 집합투자재산은 집합투자기구의 재산을 말한다.

집합투자기구는 집합투자재산의 운용재산에 따라 ① 증권집합투자기구, ② 부동산에 투자하는 부동산집합투자기구, ③ 증권 및 부동산을 제외한 투자 대상 자산에 투자하는 특별자산집합투자기구, ④ 앞의 ①에서 ③까지의 규정에 제한받지 않는 혼합자산집합투자기구, ⑤ 단기금융상품에 투자하는 단기금융집합투자기구로 나뉜다.

8.5

분산투자

집합투자의 최고 목적은, 투자자의 관점에서, 분산투자(diversification)를 실현하기 위함이다. 합리적인 투자는 동일한 위험을 부담하면서 높은 수익률을 달성하는 것이고, 수익률이 동일하다면 위험을 줄이는 것이 합리적이다. 분산투자는 두 번째 경우에 해당하는 합리적 투자다. 나누어 투자함으로써 위험을 최소화하는 것이다.

분산투자는 자산의 범주 및 만기의 다양화, 투자 업종 및 기업의 다양화 등의 방법으로 실행된다. 집합투자는 간접투자를 통해 개인투자자가 시도할 수 없는 다양한 분산투자를 가능하게 해준다.

간단한 예를 들어 분산투자효과를 설명하면 다음과 같다.

긴급하고 중요한 배송을 해야 하는데 출발지에서 목적지로 가는 도로가 2개 있다. 두 도로 중 한 곳에 사고가 발생하여 차량 운행이 불가능한데 어느 도로에서 사고가 났는지는 알지 못한다. 이때 배송물품 8개를 차량 1대에 싣고 두 도로 중 한 곳을 선택하여 출발한다면 배송을 완료하거나 못하는 2가지 경우의 수에 놓이게 되고 목적지에 도달할 물품의 기댓값은 4개다. 만약 배송물품을 4개씩 둘로 나누어 차량 2대에 싣고 두 길로 따로 출발한다면 어떨까? 둘 중 하나는 목적지에 도달하여 배송을 완료할 수 있고, 목적지에 도달할 물품의 기댓값은 여전히 4개다. 기댓값은 동일하지만 첫 번째 방법은 완벽한 배송 실패라는 위험을 부담해야 하고, 두 번째 방법은 물품 4개의 배송 성공을 보장한다. 배송의 완전한 실패를 감당할 수 없는 상황이라면 두 번째 방법이 더 합리적인 선택이 된다.

조금 더 복잡한 예로 설명할 수도 있다. 위의 상황과 동일한데 도로는 하나뿐이고 1/2의 확률로 차량 사고가 발생한다고 한다. 이번에도 차량 1대에 물품 8개를 싣고 가는 방법과 차량 2대에 물품 4개씩 나눠 싣고 가는 2가지 방법이 있다. 목적지에 도달할 물품의 기댓값은 두 방법 모두 4개다. 그러나 위험의 측정치인 분산(variance) 또는 표준편차는 다르다. 첫 번째 방법의

분산은 32이고 두 번째 방법의 분산은 16이다.[21]

분산은 실현 가능한 개별값과 기댓값의 이격 정도를 측정함으로써 기댓값 실현의 안정성을 나타낸다. 이렇듯 분산투자(분산실행)를 통하면 동일한 기댓값 아래에서 위험(분산 또는 표준편차)을 줄일 수 있다. 분산투자의 효과는 줄어든 분산 또는 표준편차의 크기로 측정할 수 있다.

21 첫 번째 방법: 기댓값 = $1/2 \times 8 + 1/2 \times 0 = 4$,
분산 = $(8 - 4)^2 + (0 - 4)^2 = 32$
두 번째 방법: 기댓값 = $1/2 \times 4 + 1/2 \times 0 + 1/2 \times 0 + 1/2 \times 4 = 4$,
분산 = $1/2 \times (4 - 4)^2 + 1/2 \times (0 - 4)^2 + 1/2 \times (0 - 4)^2 + 1/2 \times (4 - 4)^2 = 16$.

Financial

9장

금융위기

9.1

금융위기

위기(crisis)는 '분리하다'는 뜻의 그리스어 'krinein'에서 유래한 말이다. 갑작스럽고 결정적인 병세의 변화를 가리키는 의학 용어로 줄곧 사용되다가 다양한 영역에서 충격적인 상황 변화를 표현하는 말로 사용 범위가 확장되었다. 이러한 개념이 경제에도 적용되어 경제위기(economic crisis)라는 말이 널리 쓰이게 되었다.

경제위기

존 스튜어트 밀(John Stuart Mill)은 특정 사건이 투기 열풍을 만들어낼 때 거품이 발생한다고 주장하는 등 위기에 대해 지속적으로 언급한 최초의 위기 경제학자(crisis economist)로 알려져 있다(Rubini and Mihm, 2010).[1] 밀을 포함한 초기 경제학자들 대부분은 경제위기가 자본주의경제시스템 외부의 원인에 의해 발생한다고 믿었다. 반면에 카를 마르크스(Karl Heinrich Marx, 1818~1883)는 경제위기를 자본주의의 일부라고 인식한 최초의 경제학자다(Heilbroner, 1999; Rubini and Mihm, 2010).[2]

경제위기에 관한 논의는 경기변동(business cycle)과 연관하여 이해하려는 거시적 관점에서부터 개별 경제주체들의 행위 분석으로 원인 규명을 시작하는 미시적 관점까지 다양하다. 사실 경제위기는 예측곤란성, 비정상성, 불안정성을 특성으로 하여 미지의 요인과 경로를 통해 전개되므로 폭넓은 정의와 종합적인 이해가 필요하다.

경제위기는 사전에 예상하지 못했거나 예상과는 다른 경제 현상이 발생하여 경제주체들이 이례적인 반응을 보임으로써 경제시스

1 당시에는 큰 관심을 받지 못했지만, 《인구론》을 저술한 토머스 로버트 맬서스(Thomas Robert Malthus, 1766~1824)는 밀보다 앞서 불황에 대한 명확한 분석을 내놓았다. 후에 그는 케인스(John Maynard Keynes)에 의해 위대한 경제학자로 복권되었다. "맬서스는 《정치경제학원리(1820)》에서 이 문제에 대해 이론적으로 세련되지는 않았으나 매우 분명한 해답을 내놓았다. 자본주의가 발전하는 과정에서 때때로 너무 많은 상품이 생산되어, 다시 말해 소비자들이 그것을 구매할 수 있는 범위를 넘는 상품이 생산됨으로써 수요와 공급 사이에 크나큰 불일치가 발생한다는 것이었다. 이렇게 되면 자본가들이 투자할 곳을 찾지 못해 자본이 남아돌게 되어 극심한 불황이 닥친다는 것이다(유시민, 2009)."

2 마르크스는 자본주의시대의 엄청난 경제발전을 인정한 최초의 경제학자이기도 하다(Strathern, 2001).

템을 구성하는 주요 부분이 제 기능을 못하거나 심한 경우에는 그에 따른 파급효과로 경제시스템 전체가 와해 또는 붕괴될 수 있는 상황으로 정의할 수 있다(이종규, 2000).

경제위기는 금융위기를 포함하는 경제적 붕괴를 뜻하는 개념이지만, 실물경제의 성장이 금융 지원을 통해 이루어지는 현대 자본주의경제시스템에서는 금융위기(financial crisis)와 무관한 경제위기의 존재는 상정하기 어려우므로 양자의 차이를 구분하는 실익은 크지 않다(김동욱, 2014c).

금융위기

금융위기는 광기(mania)로 인한 풍요로움(euphoria)에 취해 자산가격이 급격히 상승하다가 반전 이후 공황(panic)과 함께 급격히 하락하고 금융시스템이 붕괴(crash)하는 순으로 전개된다. 광기에서 붕괴까지의 과정을 불안 또는 곤경(distress)이라고 하는데, 붕괴로 이어지는 상업불안(commercial distress)과 붕괴로 이어지지 않고 안정되는 금융불안(financial distress)으로 나눌 수 있다(kindleberger and Aliber, 2011).

상업불안은 물가와 기업의 이윤율이 하락하고 다수 기업이 파산하는 사태를 말한다. 경제시스템 차원의 금융불안은 금융기관의 자본재구성(recapitalization) 등 경제적 조정(economic adjustment)이 요구되는 상황을 일컫는다

(Kindleberger and Aliber, 2011). 개별 기업 차원의 금융불안은 차주가 부채를 상환하지 못할 것으로 우려되는 상황 또는 차주의 약속 이행이 곤란한 상황을 말하며, 일반적으로 재무곤경이라고 칭한다.[3]

금융위기와 관련한 금융시스템의 심각한 문제 상황은 신용경색(credit crunch)과 신용할당(credit rationing)이라는 개념을 통해 이해할 수 있다. 신용경색은 신용공급이 이례적으로 급감하여 현행 이자율 수준에서 신용의 초과수요가 발생하는 상황으로, 신용조건이 매우 엄격하여 신용공급이 인색한 상태를 말한다. 신용할당은 신용수요가 신용공급을 초과하여 비가격요소에 의해 자금이 배분되는 상황을 말한다(Borensztein and Lee, 2002).

금융위기는 자산거품형 금융위기와 통화위기형 금융위기로 나누거나(이찬근, 2011), 채무위기(debt crisis)와 통화위기(currency crisis)로 구분하기도 한다(김윤환, 2013). 자산거품형 금융위기는 자산가격이 기초경제여건(fundamental)을 크게 벗어나 급등했다가 급격한 거품 붕괴와 함께 발생한다. 채무위기는 과다부채가 원인이 되는 위기를 말하고, 통화위기는 과다부채 상황은 아니어도 국제 단기자본의 급격한 유입과 유출 과정

3 재무곤경(또는 재무적 곤경)은 사업 실패(business failure), 법적 도산(legal bankruptcy), 기술적 지급불능(technical insolvency), 회계적 지급불능(accounting insolvency)으로 정의할 수 있다(Ross et al., 2008).

에서 발생할 수 있다.

결론적으로 금융위기는 ① 금융기관이 정부 등 비시장적 지원 없이는 정상적인 자금중개 기능을 수행할 수 없고 ② 금융시장 참가자들의 신뢰가 상실되어 금융자산가격이 기초경제 여건으로부터 크게 이격되어 있으며 ③ 금융기반이 불완전하여 시장규율(market discipline)이 원활하게 작동하지 못하는 상태로 정의할 수 있다(김동옥, 2014c).

9.2

한국의 금융위기

1997년 금융위기

1997년 금융위기의 직접적인 핵심 원인은 외화채무의 과다와 외화재원 사용 과정에서의 통화불일치(currency mismatch) 및 기간불일치(maturity mismatch)다(김동옥 · 양철원, 2013). 동시에 부실여신의 증가와 금융기관의 재무 상황 악화로 취약해진 금융시스템, 자본자유화와 이로 인한 투자심리 변화의 전이효과 극대화, 일관성을 상실한 금융정책을 원인으로 하는 동아시아 금융위기의 흐름의 일부이기도 했다(Eun and Resnick, 2009; Mishikin and Eakins, 2009).

1990년대 초반 동남아시아는 선진국의 낮은 이자율을 기반으로 투자가 확대되었으며 '신흥시장(emerging market)'이라는 신조어까지 유행했다. 이러한 기조의 최대 수혜국 중 하나인 태국에서 1997년 상반기부터 투기 열풍이 가라앉기 시작하고, 같은 해 7월 2일 고정환율제 포기에 따른 바트화 폭락으로 태국의 금융위기가 아시아 금융위기로 확대되었다(김동옥, 2014c).

한국전쟁 이후 최악의 경기침체로 기록된 1997년의 금융위기는 우리나라에 심대한 충격을 주었다. 코스피(KOSPI)지수는 1997년 12월 27일 376.31을 나타내며 6개월 만에 50% 이상 하락했고, 1998년 초의 일시적 상승 이후 다시 하락하여 1998년 6월 30일 297.88을 찍었다. 1998년의 GDP 성장률은 −5.7%였고, 고정자산투자는 약 40% 감소했다. 미국 달러화 대비 원화 환율이 1997년 하반기에 약 50%까지 떨어지기도 했다.

이러한 피해에 더해 기업의 생산기반 약화 등으로 실업률 증가와 소득격차 확대 및 빈곤 문제와 결부되면서 성장잠재력이 저하된 점이 가장 심각한 손실이었다(김윤환, 2013).

1997년 금융위기의 원인에 대한 공식적 견해는 다음과 같다.

정부는 ① 기업의 경쟁력 약화 및 취약한 재무구조, ② 금융기관의 부실자산 누적, ③ 대외 균형 달성을 위한 적기 대응 미흡, ④ 금융자유화 과정에서의 감독 소홀, ⑤ 개혁정책 추진 지연, ⑥ 민주적 시장경제 질서의 부족 및 도덕적 해이 심화 등을 원인으로 제시했다. 국제통화기금(IMF, International Monetary Fund)은 ① 대기업의 연쇄부도, ② 금융기관의 부실, ③ 대외 경제여건의 악화, ④ 정책의 과오, ⑤ 신뢰 상실로 정리했다(노철우, 2013).

2008년 금융위기

2007년의 미국발 서브프라임 모기지 위기(sub-prime mortgage crisis)는 2008년 9월 15일, 투자은행 리먼브러더스(Lehman Brothers)의 파산보호신청(Lehman shock) 이후 전 세계적 금융위기로 확대되었다.[4] 1997년의 금융위기가 고도성장기를 거치며 누적된 문제점들이 총체적으로 취약성을 드러내면서 발생했다면, 2008년의 금융위기는 비교적 양호한 경제여건에도 불구하고 전 세계적인 강력한 충격의 영향으로 발생한 통화위기였다. 당시 KOSPI지수는 2008년 9월 이후 6개월 동안 25% 하락했고, 2009년 GDP 성장률은 0.7%에 그쳤다.

2008년 금융위기는 ① 자본시장구조, ② 국제무역구조, ③ 금융규제구조의 구조적 요인에다 ① 단기외채 급증, ② 원화 강세 대비 헤지거래라는 상황적 요인으로 기초경제 여건이 충실했음에도 불구하고 작지 않은 충격을 주었다.

첫째, 우리나라 자본시장은 외국자본의 급격한 유출에 취약한 구조다. 1997년 금융위기 이후 외국인 투자 비중이 급증하고 큰 폭의 주가상승으로 평가이익이 상당한 수준이었다. 이에 더해 신흥국 중

4 일반적으로 리먼브러더스의 파산보호신청 시점을 민스키 모멘트(Minsky moment)로 본다(5장 3절(106쪽) 참조).

상대적으로 주식시장의 유동성이 풍부하여 평가이익 실현이 용이했으며 자본자유화 기조에 근거하여 자본유출의 장애물이 없었다.

둘째, 우리나라 무역구조는 원자재가격 상승에 취약한 구조다. 원유를 비롯한 원자재 수입 비중이 전체 수입금액의 절반 이상을 차지하여 금융위기의 일반적 현상인 원자재가격 상승에 따른 피해가 막심하다.

셋째, 자유변동환율제 아래에서 자본유출입 규제 미비로 환투기에 취약한 구조다. (…) 첫째, 외화표시 채무는 비슷한 금액의 외화표시 자산이 존재하여 순액이 경미하더라도 위기가 발생하면 자산으로부터 유입될 현금흐름의 확실성이 급감하므로 위험요인으로 작용할 수 있다. 둘째, 우리나라 경제주체들이 대부분 원화 강세에 대비한 헤지거래에 적극적이었으므로 이와 반대 방향의 환율 움직임으로 인한 커다란 이익을 얻을 수 있는 여건이 갖추어져 있었고, 이로 인해 원화가 환투기의 매력적 대상이 되었다(신장섭, 2009).

2008년 금융위기의 직접적이고 미시적인 원인이 외국은행의 국내 지점을 통한 단기외채 조달이라는 의견도 참고할 만하다. 국내 수출기업들의 환위험관리를 위한 선물환 매도의 거래 상대방으로서 국내 금융기관들이 선물환 매입 후 현물환 매도 대용으로 외국은행의 국내 지점을 통해 외화표시 차입을 했고, 이 차입금의 만기연장에 실패함으로써 유동성위기를 겪게 되었다는 것이다(이근, 2011).

9.3

위험문화가설 vs 학습효과가설

경제주체가 금융위기의 경험으로부터 학습효과를 얻느냐의 여부는 자못 흥미로운 주제다. 학습효과 여부를 확인함으로써 금융위기에 대한 몇 가지 시사점을 얻을 수 있다.

개별 경제주체 고유의 사업모델이나 위험문화가 금융위기 기간 중의 실적에 강한 영향을 주고 금융위기 경험에도 불구하고 자신의 사업모델이나 위험문화를 유지할 수 있다. 이를 위험문화가설(risk culture hypothesis)이라고 한다. 반면에 개별 경제주체가 금융위기 경험으로부터 학습을 통해 위기관리 능력 및 위기대응 능력을 배양하고 제고할 수 있다. 이를 학습효과가설(learning hypothesis)이라고 한다.

미국의 금융기관들을 대상으로 한 연구에서는 위험문화

가설을 지지하는 결과가 도출되었다. 선행위기로는 1998년의 금융위기가, 후행위기로는 2007년의 금융위기가 설정되었다. 위험문화가설이 타당하다면 선행위기수익률이 후행위기수익률에 대한 예측력을 보유할 것이고, 학습효과가설이 타당하다면 양 위기수익률 간의 음(-)의 상관관계가 확인되거나 유의한 상관관계를 확인하지 못할 수도 있다. 연구결과, 선행위기수익률이 후행위기수익률에 대한 설명력을 가졌다. 선행위기수익률이 저조한 금융기관은 후행위기수익률도 저조했다.[5]

미국과 달리 우리나라 금융기관들을 대상으로 한 연구에서는 학습효과가설을 지지하는 결과가 도출되었다. 선행위기로는 1997년의 금융위기가, 후행위기로는 2008년의 금융위기가 설정되었다. 이 연구에서 선행위기수익률은 후행위기수익률에 대한 설명력을 갖지 않았다. 선행위기수익률과 후행위기수익률 수준별 추가분석 결과는 학습효과가설의 타당성을 제고했다.[6]

후속 연구결과에서도 학습효과가설의 타당성이 강화되었다. 생존편의(survivorship bias) 발생 가능성을 제거하고 분석한

5 347개 상장 금융기관의 후행위기 기간 주식수익률을 선행위기 기간 주식수익률로 회귀분석을 시행한 결과, 통계적으로 유의한 양(+)의 회귀계수를 확인했다. 선행위기로는 러시아 통화위기로부터 촉발된 1998년의 위기를, 후행위기로는 서브프라임 모기지 사태로부터 촉발된 2007년의 위기를 설정했다 (Fahlenbrach et al., 2012).

6 62개 상장 금융기관 주식의 후행위기수익률을 선행위기수익률로 회귀분석을 시행한 결과, 통계적으로 유의한 양(+)의 상관관계 부재를 확인했다(김동욱 · 양철원, 2013).

결과, 선행연구 대비 더욱 확실한 증거를 발견했고, 선행위기수익률이 저조한 금융기관의 경우 이러한 증거가 더욱 분명히 확인되었다.[7]

우리나라 비금융기업들을 대상으로 한 후속 연구에서는 위험문화가설을 지지하는 결과가 도출되었다. 그러나 지배적 대주주가 존재하는 기업의 경우에는 이러한 결과가 약화되었다. 금융기관과 비금융기업의 지배구조 차이가 위기경험 후의 상이한 행태를 야기한 것으로 추정된다.[8]

위기학습(crisis learning)에 관한 연구는 다양한 시사점을 제공한다(김동옥·양철원, 2013; 김동옥, 2014a; 김동옥 2014c).

첫째, 미국의 경우 약한 선행위기 이후 강한 후행위기가 있었으나 우리나라의 경우 강한 선행위기 이후 약한 후행위기가 발생했다. 그러므로 선행위기 충격 강도의 차이로부터 학습 가능성의 차이가 있을 수 있다는 점 등을 확인할 수 있다.

둘째, 우리나라 금융기관의 경우 업력이 짧아 고유

7 생존편의효과로 인한 선행연구 결과의 왜곡 여부를 확인하기 위해 금융기관 인수합병의 사례를 조사하여 생존편의효과 발생 가능성이 있는 금융기관을 제외하고 회귀분석을 시행한 결과, 통계적으로 유의한 음(-)의 회귀계수를 확인했다(김동옥, 2014a).

8 493개 비금융기업 주식의 후행위기수익률을 선행위기수익률로 회귀분석을 시행한 결과, 통계적으로 유의한 양(+)의 회귀계수를 확인했다(양철원 · 김동옥, 2015).

한 위험문화가 미약할 수 있다. 이로부터 조직수명주기(organizational life cycle)별로 조직관성(organizational inertia)의 강도에 따른 조직학습(organizational learning)의 차이가 발생할 가능성에 대한 실마리를 찾을 수 있다. 업력이 길어질수록 조직관성이 강화되어 고유한 위험문화가 발달하고 학습효과가 미약할 수 있다.

셋째, 학습효과가설의 타당성을 인정하여 금융기관이 위기학습으로 후행위기에 대비한다면 개별 금융기관 중심의 규제보다는 핵심 규제의 실효성 학보에 집중하는 것이 유효할 것이다.

9.4

금융안정

금융안정(financial stability)은 금융시스템의 구성인자인 금융기관, 금융시장, 금융기반이 안정되어 있음을 뜻한다. 금융시스템의 실물경제활동 지원이 원활하게 이루어지고 내 · 외부의 충격에 의한 불균형이 스스로 치유되고 있는 상태로(김석원 외, 2021b), 금융위기에 대비되는 개념이다. 금융안정 달성 및 유지를 위한 금융위기의 대응과 예방에 대해 알아보자.

금융위기의 원인에 대한 이론은 경기변동, 수요 및 통화량 변동으로 설명하는 거시적 관점의 이론과 비대칭 정보(asymmetric information)를 중심으로 설명하는 미시적 관점의 이론으로 나눌 수 있다. 또한 금융위기는 자본주의 외부의 충격으로 발생한다고 설명하는 외생설(exogenous theory)과

자본주의 내부의 취약성 때문에 발생한다고 설명하는 내생설(endogenous theory)이 있다.[9]

금융위기는 통화위기와 채무위기로 나누어 이해하는 것이 제일 간단하고 합리적이다. 그러나 통화위기 또한 외화표시 채무불이행의 형태로 전개되므로 통화 및 신용팽창(또는 신용확장, credit expansion)으로 인한 자산가격의 거품을 금융위기의 핵심 원인으로 볼 수 있다. 모든 금융위기는 통화 및 신용팽창과 관련이 있으며(Kindleberger and Aliber, 2011), 영구적 성장에 대한 기대에 근거하는 신용팽창이 통화팽창을 뒷받침한다

9 내생설을 주장한 학자로는 맬서스(Thomas Robert Malthus) 등이, 외생설을 주장한 학자로는 윌리엄 스탠리 제번스(William Stanley Jevons, 1835~1882) 등이 있다(Galbraith, 1987; Buchholz, 1999). 맬서스는 인구폭발(population explosion)로 유명한 최초의 직업 경제학자다. 1805년 영국 동인도회사의 인력양성을 담당하는 헤일리버리칼리지(Haileyburry College)의 정치경제학과(Political Economy) 교수가 되었다(Buchholz, 1999; Heilbroner; Strathern, 2001). 잘 알려진 《인구론》은 그가 1798년에 쓴 것으로 원제가 《미래의 사회개선에 영향을 주는 인구 원리에 대한 소고(An Essay on the Principle of Population as It Affects the Future Improvement of Society, with Remarks on the Speculations of M. Godwin, M. Condorcet, and Other Writers)》다. 이 책을 읽고 영국의 역사학자 토머스 칼라일(Thomas Calyle, 1795~1881)은 경제학을 '우울한 과학(dismal science)'이라고 일컬었다(Heilbroner, 1999). 제번스는 카를 멩거(Carl von Menger, 1835~1882), 레옹 발라(Marie Esprit Léon Walras, 1834~1910), 존 베이츠 클라크(John Bates Clark)와 함께 한계효용(marginal utility)이라는 개념을 도입한 한계혁명(marginal revolution)의 주역이다(Galbraith, 1987). 그는 경기순환분석을 시도한 최초의 경제학자였으며(Strathern, 2001), 태양 흑점의 수와 크기가 지구의 기후에 영향을 미치고 이러한 영향이 농업 생산량을 비롯한 전 세계적 생산 능력의 변동성을 야기함으로써 경기변동이 발생한다는 '태양흑점주기설(Theory of Sunspot Cycle)'을 주장하기도 했다(Heilbroner, 1999).

(Heinberg, 2011).

금융위기의 대응에 관한 이론은 정부의 적극적 개입의 필요성을 주장한 케인스(John Maynard Keynes)의 견해와 정부의 개입 없는 자유방임주의적 입장을 옹호한 조지프 슘페터(Josheph Alois Schumpeter, 1983~1951)의 견해로 대별할 수 있다. 단기적으로 체제 붕괴를 막기 위한 케인스 방식의 처방과 장기적으로 채무 수준을 감소시키는 슘페터 방식의 처방이 혼합된 '통제된 창조적 파괴(controlled creative destruction)'를 강조하는 이론도 있다(Rubini and Mihm, 2010).

금융위기에 대한 대응정책은 안정화(stabilization)정책과 성장을 통한 정상화(growing out)정책으로 구분할 수 있다. 안정화정책은 재정 및 금융긴축, 고금리 및 고환율, 공기업 민영화 및 금융산업 구조조정 등을 포함한다. 해외자본 유입 증가 및 수출 촉진이라는 장점이 있으나 빈부격차 및 성장잠재력 잠식이라는 후유증을 남긴다. 성장을 통한 정상화정책은 재정완화, 금융완화, 금리인하 등이 추진된다. 물가상승 가능성이라는 단점이 있으나 제조업 경쟁력을 보유한 국가에서는 수출증대를 통한 빠른 회복의 가능성이 높다(김윤환, 2013).

금융위기가 발생하면 사회적 피해를 최소화하기 위해 신속한 정상화를 모색해야 한다. 신용경색 완화와 소비지원을 통해 당장의 고통을 치유하면서 신속한 탈출에 집중해야 한다. 취약성에 대한 개혁 등 안정화를 위한 노력은 장기적 관점에서 신중히 추진해야 한다(Krugman, 2009). 역사적으로 물가상승에 대한 우려가 크지 않고 제조업 경쟁력을 보유하고 있는 국가에서는 수출증대를 통한 정상화를 위해 재정완화 및 금융완화 정책 추진이 바람직한 것으로 보고된다.[10]

금융위기 예방에 대한 이론은 엄격한 통화정책 및 국제적 자본흐름의 규제를 주장하는 거시적 관점과 금융시스템 내부의 오류 수정에 중점을 두고 투명화 및 표준화를 강조하는 미시적 관점으로 구분할 수 있다. 마찬가지로 금융위기에 대한 예방정책은 대내정책과 대외정책으로 구분할 수 있다. 대내정책은 올바른 금융감독 및 통화관리, 재정균형 등이다. 대외정책은 외환유동성 관리, 단기외채 관리, 환율변동성 완화, 경상수지 균형 등이다(김윤환, 2013).

금융위기를 예방하기 위해서는 거품 생성 방지를 위한 노력이 무엇보다 중요하다. 이를 위해서는 금융취약성을 방어하는 규제체제가 확립되어야 한다. 동시에 환율변동성 최소화를

10 신속한 정상화와 맥을 같이하는 견해로 금융위기 시에는 채무상환유예(moratorium)선언도 검토해야 한다는 주장(신장섭, 2008)과 재정으로 금융기관을 지원해야 한다는 견해(Kollman, 2013) 등이 있다. 후자의 견해는 이 방식이 구축효과(crowding-out effect) 없이 전통적 재정지출과 동일한 승수효과(multiplier effect)를 유발하고 신용경색 완화를 통한 금융안정화에 유리한 정책이라고 주장한다.

위한 시스템 구축이 필요하다. 중앙은행은 소비재시장의 물가 관리 집중에서 탈피하여 채무의 규모를 관리함으로써 거품 생성을 방지하는 역할을 적극 수행해야 한다. 채무 규모의 신중한 관리가 장기적 가격 안정을 가져온다. 이에 더해 금융위기 발발 시 구제의 대상이 되는 금융기관(SIFI, Systematically Important Financial Institutions)이 형태를 불문하고 상시 규제의 범위 내에 놓여야 한다(Krugman, 2009).

10장

금융혁신

10.1

금융혁신

보이지 않는 손

금융혁신(financial innovation)은 (정부) 계획의 산물이 아니다. '보이지 않는 손(invisible hand)'의 작용 아래에서 개별 경제주체의 창의적 행동의 결과물이다(Bodie et al., 2009).

금융기관의 혁신적 금융상품 개발의 동기는 고객 수요에 부응하여 이익을 실현하기 위함이다.[1] 금융혁신은 이익 추구라는 욕망의 결과다. 그러므로 금융환경의 변화는 금융기관의 이익 극대화를 위한 혁신을 자극한다.

혁신 사례의 역사에서 알 수 있듯이 반드시 최초의 혁신가가 최대의 이익을 향유하는 것은 아니다. 신용카드라는 금융

1 이러한 과정을 금융공학(financial engineering)이라고 한다.

혁신을 이끈 선구자는 식당에서 현금대체지급 용도라는 아이디어를 떠올린 한 사업가였으나[2], 최대 수혜자는 이후에 신용카드를 발급한 은행이었다. 최초의 혁신 이후 정보통신기술의 발달로 거래비용이 큰 폭으로 감소하여 신용카드 사용이 증가했고, 발급 은행들이 큰 이익을 거둘 수 있었다.

변화에 대한 대응[3]

1970년대 이후 전 세계적으로 이자율의 변동성이 증가하여 이자율위험(interest rate risk)이 주요 위험으로 인식되기 시작했다. 이에 대한 대응으로 변동금리대출과 헤지거래를 위한 다양한 파생금융상품이 출현했다. 이것은 수요 조건의 변화에 대한 대응 사례다.

1971년 8월 15일, 미국은 달러화의 금태환 중지를 선언했다. 이후 달러화는 약세를 보이기 시작했고, 국제 환율체제는 고정환율제(fixed exchange rate system)에서 변동환율제(floating exchange rate system)로 전환되었다. 이 때문에 수출의존도가 높은 국가들이 큰 타격을 받았는데, 이를 닉슨 쇼크

2 개별 소매업체에서 발급한 신용카드의 기원은 19세기까지 거슬러올라가기도 하지만, 일반적으로는 1950년 미국의 사업가 프랭크 맥나마라(Frank McNamara)가 출시한 신용카드(Diners Club Card)를 최초의 신용카드로 본다.

3 여기서는 1970년대 이후 미국의 사례를 들어 조건 변화에 대한 대응이라는 관점으로 금융혁신을 분류하고 설명한다(Mishkin and Eakins, 2009).

(Nixon shock)라고 한다. 환율의 자유로운 변동은 이자율의 자유 변동을 초래했고, 결과적으로 금융자산의 가격변동성을 큰 폭으로 키웠다. 이로써 2차 세계대전 이후 계속 유지되어온 브레턴우즈체제(Bretton Woods system)[4]는 막을 내리게 되었다.

정보통신기술의 발달은 거래비용과 정보취득비용을 감소시켜 새로운 금융상품의 출현과 활발한 증권발행을 자극했다. 이에 따른 혁신으로 신용카드와 직불카드 사용이 활성화되었고[5] 각종 전자금융이 시작되었다. 증권거래와 관련해서는 기업어음 발행이 활발해지고 비유동자산을 유동화하는 증권화

4 브레턴우즈체제는 고정환율제도와 금환본위제도(gold exchange standard)를 통한 환율의 안정 및 자유무역 확대를 기본으로 한다. 이를 위해 국제통화기금(IMF)과 국제부흥개발은행(IBRD, International Bank for Reconstruction and Development)이 창설되었다. 금 1온스(ounce)당 35달러로 교환을 보장하고, 미국 외 국가의 통화는 미국 달러화에 대한 교환비율을 고정했다. 국제통화기금의 역할은 국제수지 불균형으로 인해 고정환율제 유지가 곤란한 회원국을 대상으로 하는 자금지원이다. 국제부흥개발은행과 국제개발협회(IDA, International Development Association)를 합쳐 흔히 세계은행(World Bank)으로 통칭한다. "브레턴우즈체제는 양차 세계대전의 원인에 대한 반성에서 비롯된 '국제환율협약'이라고 할 수 있다, 세계무역이라고 부를 만한 것이 이루어졌던 19세기 중후반 이후 선진 자본주의국가들 사이에서 가장 큰 갈등의 불씨는 환율문제였기 때문이다(이종태, 2014)."

5 신용카드(credit card)와 직불카드(debit card)를 각각 '대변카드'와 '차변카드'로 볼 수 있다. 신용카드 사용금액은 시차를 두고 이용자의 대금지급이 이루어지므로 대출의 성격을 갖지만, 직불카드 사용금액은 예금계좌에서 바로 차감된다. 이처럼 직불카드 사용은 이용자 재무상태표의 차변거래(debit transaction)이고 신용카드 사용은 재무상태표의 대변(credit)에서 발생하는 거래라고 할 수 있다. 신용카드라는 이름을 처음 지을 때 이를 염두에 두지 않았을 것으로 추정하지만, 지금의 직불카드와 대비해보면 이러한 설명이 논리적으로 타당하다.

(securitization)가 개시되었다. 이것은 공급 조건 변화에 대한 대응 사례다.

규제 조건 변화에 대한 대응 사례로는 은행예금에 부과된 지급준비율 규제(reserve requirement)와 예금이자율 규제가 혁신을 거쳐 회사형단기금융집합투자기구(MMMF, Money Market Mutual Fund)와 자동이체투자계좌(sweep account)로 나타난 것이다. MMMF는 당시 예금이자 지급이 금지되었던 수표발행계좌와 동일한 기능을 수행하면서 투자수익을 기대할 수 있게 했다. 자동이체투자계좌는 예금 잔액이 일정 수준을 초과하면 초과 금액을 출금하여 단기 금융자산에 투자하는 계좌인데 지급준비금 적립 의무가 없다.

10.2

통화의 발명

화폐(또는 돈)는 일상의 대화에서 다양한 의미를 띤다. "돈을 잘 번다"라고 할 때는 소득을 뜻하는 유량(flow)으로 손익계산서의 항목을 구성한다. "돈이 참 많다"라고 할 때는 부(wealth)를 뜻하는 저량(stock)으로 재무상태표의 항목을 구성한다. "돈 좀 주세요"라고 할 때는 현금통화(cash currency)를 지칭하기도 한다. 그런가 하면 경제학자들이 사용할 때는 통화량(money supply)을 의미한다(Friedman, 1994; 이찬근, 2011).

통화(currency)는 인류의 가장 위대한 발명품 중 하나다. 통화는 화폐의 다른 이름으로 유통 또는 지불 수단으로 사용되는 화폐, 즉 통용되는 화폐를 뜻한다. 통화가 없다면 거래비용이 증가하여 교환을 위축시키고 경제발전을 저해할 것이다. 물물교환경제(barter economy)에서는 '이중의 우연에 의한 욕망의 합치(double coincidence of wants)'가 거래의 전제 조건이 되었다(이찬근, 2011). "돈(화폐)은 인간을 속박하는 사슬이 아니라 인간이 우연의 지배에서 벗어나 자유를 누릴 수 있게 만들어준 혁명적 발명품이다(유시민, 2002)." 그렇게 "화폐의 부상(ascent of money)은 인류의 부상(ascent of man)에 필수적이었다(Ferguson, 2008)."

통화의 시초는 물품화폐(goods currency)였다. 지역에 따라 곡물, 모피, 소금 등이 화폐로 사용되다가 이후 화폐에 적합한 속성인 가치성, 내구성, 분할성, 이동성이 뛰어난 금, 은, 동, 철과 같은 금속화폐(metallic money)가 물품화폐를 대체했다.[6] 금속화폐가 사용되면서 물품화폐를 사용하던 시절보다 상거래가 활발해졌다.

정치적으로 강력한 권위의 주체가 등장하면서 통화에도 큰 변화가 일어났다. 금속화폐의 중량 측정의 번거로움을 해결하기 위해 국가의 보증으로 주조화폐(metallic coin)가 등장했다. "어느 경우이든 귀금속 주화는 강력한 군주가 화폐 주조

6 화폐는 쪼갤 수 있고 내구성이 있으며, 공급이 충분하지만 무제한적이지 않으며, 따라서 누구나 가질 수 있는, 교환을 매개하는 역할을 하는 상품에 지나지 않았다. 그러나 은행이 발명된 이후 예금통화가 화폐의 기능을 하게 되면서 상품에 지나지 않는 존재에서 독자적인 뚜렷한 특징을 가진 존재가 되었다(Galbraith, 1987). 가치성은 신뢰성, 내구성은 보존 가능성, 분할성은 대체 가능성, 이동성은 소지 가능성으로 이해할 수 있다.

를 독점해 세입의 원천으로 삼은 점과 관련이 있다(Ferguson, 2008)."[7] 그러나 주조화폐는 용량 감소라는 속임수 때문에 통용에 제한이 가해지는 경우가 빈번하다는 문제가 있었다. 이러한 문제를 해결한 것이 본위화폐(standard money)다. 신뢰할 수 있는 자가 발행한 지폐를 금이나 은으로 교환을 보장해주는 것이다. 이후 화폐의 형태는 법정화폐(fiat money)로 바뀌었다. 가치 있는 금속으로의 교환 보증 없이 단지 발행자가 통용을 강제한 현대의 지폐를 말한다. 법정화폐는 사회 구성원의 신용으로 공동 보증한 국가화폐(state money)다.

화폐는 가치척도(measure of value, unit of account), 교환매개(medium of exchange), 가치저장(store of value) 수단으로 금융거래를 포함한 경제활동을 촉진한다. 가치척도 기능은 경제 행위의 기록을 가능하게 해줌으로써 복잡한 경제활동을 효율적으로 실현시킨다. 교환매개 기능은 거래비용 감소를 통해 원활환 경제활동을 도모한다. 가치저장 기능은 구매력을 보존함으로써 안전한 부의 축적을 가능하게 만들어 경제활동에 동기를 부여한다.

7 역서(김선영, 2010) 인용.

10.3

은행의 발명

은행은 처음에 이탈리아와 영국에서 조금은 다른 모습으로 시작되었다. 13세기 이후 동방무역의 중심지였던 이탈리아 북부는 다양한 금속화폐를 교환해주는 환전상들이 성업 중이었다. 때로는 금속화폐를 보관증서와 교환해주기도 했는데, 보관 중인 금속화폐를 빌려주고 이자를 받으면서 은행업이 시작되었다.[8] 14세기 말 이탈리아 피렌체의 메디치은행(Banco dei Medici)은 영세 환전상에서 탈피하여 규모 있는 은행으로 자리

8 은행(bank)의 어원은 이탈리아어로 의자(bench)를 뜻하는 banco다. 환전상들의 의자에서 은행이라는 말이 탄생했다. 파산(bankruptcy)의 어원은 이탈리아어로 부러진 의자(banco rotto)다.

를 잡았다.[9] 16세기 영국에서는 금속화폐 보관업까지 병행하던 세공업자들에 의해 은행이 탄생했다. 이탈리아의 환전상들과 마찬가지로 보관 중인 금속화폐를 이자 수취와 함께 빌려주면서 은행업을 개시했다.

은행업의 시작은 수학의 발전과 관련이 있다. 11세기 이후 십자군원정 등을 계기로 '0'을 포함한 인도의 기수법이 '아라비아수'라는 이름으로 유럽에 흘러들었다(요시다 요이치, 정구영 옮김, 2002). 13세기 초 이탈리아 수학자인 레오나르도 피보나치(Leonardo Fibonacci, 1170~1250)의 저작[10]이 나오면서 환전과 이자 계산이 용이해졌고 상업부기의 기초가 마련되었다(이찬근, 2011). 또한 16세기 초 이탈리아 수학자 루카 파치올리(Lucaa Pacioli, 1445~1517)의 저작[11]을 통해 복식부기가 유럽 전역에 전파되었다(Strathern, 2001).

9 유럽 최초의 대은행가는 이탈리아의 피렌체에서 1250년대부터 번성했던 바르디(Bardi) 가문이었다. 그러나 바르디 가문은 영국 에드워드 3세의 재정적 후원자 역할을 하다가 프랑스와의 백년전쟁(1337~1453) 발발 후 1345년 파산했다(Strathern, 2001).

10 1202년작 《계산방법론(Liber Abaci)》을 말한다. 이 책에는 분수의 계산과 미래 현금을 할인하여 현재 가치를 계산하는 내용도 포함되어 있다(Ferguson, 2008).

11 1494년작 《산술, 기하, 비율 및 비례 총람(Summa de Arithmetica, Geometrica, Proportion et Proportionalita)》을 말한다.

> 끊임없는 거래의 흐름 속에서 한순간에 거래의 경향을 정확한 숫자로 나타낼 수 있게 됨으로써 거래 과정은 수학적 통제와 감시를 받게 되었다. 이에 따라 상업은 최고의 고등 학문으로 등장한다. (…) 지금까지 상업은 숫자를 다루는 단순한 학문에 불과했다. 그러나 복식부기에 수학적 개념이 도입됨으로써 상업은 스스로를 비춰볼 수 있는 거울을 갖게 되었다. (…) 복식부기는 르네상스 이전부터 초기까지 유럽 전역으로 확산되었고 사람들은 그것을 자본주의의 탄생으로 보았다. (…) 상품은 가치가 되었다. 장부에 기재되는 항목은 더 많은 사업의 재원을 조달하는 데 사용되었다. 또한 복식부기는 인간 사고의 중요한 변화를 예고했다. 한 물건의 성격과 품질이 측정 가능한 양으로 단순화되기 시작했고 그 양의 척도가 돈이 되었다. 그 이후 모든 것은 가격을 갖게 되었다(Strathern, 2001).[12]

은행업의 발전은 환어음(bill of exchange)의 발명[13]에 큰 영향을 받았다. 약속어음(promissory note)은 매수자가 발행인이자 지급인인 반면에 환어음은 매도자가 발행인이고 매수자가 지급인이다. 매도자가 매수자를 지급인으로 하여 발행하고 은행이 발행인과 지급인 사이에 개입하여 결제가 이루어진다. 매

12 역서(김낙년 · 천병윤, 2002) 인용.

13 "발명은 독립적인 혁신의 결과라기보다는 재기(brilliance)와 영감(inspiration)을 갖고 변화의 가능성을 인지하는 자가 달성하는 예측 가능한 성과다(Galbraith, 1987)." 역서(장상환, 2002) 인용.

도자는 환어음을 발행하여 은행에 매각함으로써 매도와 동시에 대금을 수취하고, 매수자는 환어음 제시 전까지 대금 지급을 지연할 수 있다. 무역과 환전을 결합한 형태로 대출의 성격을 갖는다. 환어음을 이용한 금융거래는 교황청으로부터 고리대금업이 아니라는 판단을 받은 이후 은행의 성장 동력원이 되었다(이찬근, 2011).

이탈리아에 이어 네덜란드, 스웨덴, 영국에서도 금융혁신과 함께 은행업이 발전했다. 1609년 설립된 네덜란드 암스테르담의 비셀방크(Amsterdamse Wisselbank)[14]는 지정통화로 예금계좌를 개설하게 함으로써 수표발행 또는 계좌이체를 통한 지급결제시스템을 구축했다. 1656년 설립된 스웨덴 스톡홀름의 릭스방켄(Riksbanken)은 적극적으로 대출 업무를 실행함으로써 현대적 의미의 신용창조(credit creation)를 개시했다. 오늘날 부분지급준비금제도(fractional reserve system)의 선구적 형태로 예금자가 일시에 인출을 요구하지 않는다는 사실에 기초하여 예금자의 돈 대부분을 빌려줌으로써 이루어진 것이다. 1694년 설립된 영란은행 또는 영국은행(Bank of England)은 정부에 대한 대출의 대가로 표준화된 은행권 발행이라는 특권을 받음으

14 네덜란드의 비셀방크는 암스테르담은행으로도 불리며, 영국은행보다 앞선 최초의 중앙은행으로 평가받기도 한다(Ferguson, 2008; 홍춘욱, 2019).

로써 중앙은행의 효시가 되었다.[15]

이와 같이 지급결제, 신용창조, 표준통화라는 3가지 금융 혁신으로 오늘날의 통화제도와 중앙은행의 토대가 완성되었다 (Ferguson, 2008; 이찬근, 2011).

15 영국은행 최초의 주주는 은행업을 영위하던 세공업자들이었다(홍춘욱, 2019). 당시에는 지폐마다 가치가 달랐으며, 수취인이 지정되었고, 발행 출납원의 서명이 표시되었다. 1759년에서야 영국은행은 액면가가 정해진 지폐(fixed denomination note)를 발행하기 시작했고, 1853년부터는 수취인과 출납원이 특정되지 않은 인쇄된 지폐가 유통되었다(Chang, 2014).

10.4

회사의 발명

기업은 지속적인 금융혁신을 통해 효율성을 추구해왔다.

첫째, 대규모 자본을 조달하는 효과적인 방법을 고안해 냄으로써 규모의 경제와 범위의 경제(economies of scale and scope)를 실현했다. 둘째, 지급약속 재조정을 통해 외부 충격에 대응하고, 금융관행 개선을 통해 세제를 포함한 규제정책 변경으로부터 이익을 추구했다. 셋째, 위험 인식(risk perceptions)을 감소시킴으로써 이익을 실현했다. 기업의 자산을 담보로 제공하여 투자자의 채무불이행 위험을 감소시키고, 주주의 이익과 합치하도록 경영진과 보상계약을 체결했다. 이사회를 설치하고 재무보고체계를 갖춤으로써 효과적인 감시체제를 구축했다. 넷째, 기업 내에 정보의 흐름 및 체계적인 관리를 위한 시스템을 구축하여 시장구조에 의존하는 것보다 거래비용을 크게 감소시켰다(Baskin and Miranti Jr., 2003).

세계 최초의 주식회사[16]는 1555년 영국에서 모스크바대공국과의 무역독점권을 얻어 설립된 머스커비회사(Muscovy Company)다.[17] 그러나 오랫동안 사업의 지속성을 유지한 것은 1600년 설립된 영국의 동인도회사(British East India Company)와 1602년 설립된 네덜란드의 동인도회사(Dutch East India Company)였다.[18]

주식회사가 설립되자 주식거래를 위한 시장이 생겨났다. 최초의 증권거래소(Berus van Amsterdam. 영어로는 bourse)는 네덜란드 동인도회사의 주식 거래를 위해 1611년 암스테르담에서 탄생했다. 주식회사의 탄생으로 증권거래소가 만들어지고,

16 당시에는 주식합명회사(joint stock company)라고 했다(Chang, 2014).

17 러시아회사(Russia Company)라고도 하며, 국가 또는 왕실이 부여한 특별한 권한에 의해 설립되었으므로 특허회사(chartered company)로 불리기도 했다. 17세기 들어 네덜란드 상인들의 강력한 부상과 러시아와의 관계 악화로 쇠퇴했다. 머스커비회사에 이어 1581년에는 터키회사(Turkey Company), 1583년에는 베니스회사(Venice Company)가 설립되었고, 1592년 이 두 회사가 합병되어 레반트회사(Levant Company)가 설립되었다.

18 네덜란드 동인도회사(공식 명칭은 VOC, Vereenigde Nederlandsche Geoctroyeerde Oostindische Compagnie)는 1600년 무렵부터 네덜란드의 주요 항구 6곳에 산재해 있던 동인도회사들을 통합하여 설립되었고(1602년), 주주의 수와 자본금의 규모에서 영국의 동인도회사를 압도했다(Ferguson, 2008). 그래서 최초의 주식회사로 인정되기도 한다(홍춘욱, 2019). 1664년에는 프랑스 동인도회사(French East India Company)가 설립되었다.

주식 매입을 위한 신용은 은행이 공급하게 되었다. 주식회사, 증권거래소, 은행을 축으로 하는 새로운 경제 · 금융체제가 등장한 것이다(Ferguson, 2008).

한편 영국에서는 주식회사 설립이 금지되기도 했다. 1720년 남해회사(South Sea Company)의 주가 폭락으로 인한 사회적 혼란과 함께 제정된 거품법(Bubble Act)에 따른 조치였다.[19]

자본주의 성장의 핵심 추진체는 주식회사다. 주식회사는 양도 가능한 영구자본(permanent capital)의 받침 위에 다양한 만기의 타인자본 조달을 가능하게 해주는 효과적인 대규모 자본조달 수단으로 누구나 인정하는 조직이 되었다. 주식 발행을 통해 영구자본을 조달하고, 유한책임(limited liability)의 속성으로 도전적 투자를 유도했다.

초기에는 유한책임 구조에 따른 도덕적 해이 가능성으로

19 주가 폭등과 폭락으로 영국 경제를 뒤흔든 남해포말(South Sea Bubble) 사건의 주역은 존 블런트(John Blunt)였다. 프랑스에서는 훨씬 더 심각한 사태가 발생했다. 1720년 여름 미시시피회사(Compagnie du Mississippi)의 주가가 폭락하고 금융시스템이 붕괴되었다. 이 혼란의 주역은 스코틀랜드인 존 로(John Law, 1671~1729)였다. 그가 설계하고 결국 실패로 끝난 은행시스템에 대한 반감으로 프랑스에서는 은행에 대한 의혹이, 주식회사에 대한 영국에서의 의혹과 마찬가지로 한동안 유지되었다. 거품법은 1825년 폐기되었다.

주식회사에 대한 사회적 반감이 존재했다.[20] 그러나 19세기 이후 철강, 철도 등 거액의 자본이 소요되는 사업의 필요성이 인정되면서 주식회사는 자본주의경제의 필수 주체가 되었다. 이로써 기업금융의 확산과 자본시장의 성장이 뒤따를 수 있었다.

유한책임 구조는 언뜻 보기에는 자본조달에 불리한 구조다. 위험한 투자로 자기자본 조달이 어려워 보이고, 주주들의 유한책임으로 타인자본 조달이 곤란할 수 있기 때문이다. 그러나 큰 투자 위험에 노출되고 싶지 않은 주주는 지분을 매각할 수 있고, 채권자는 우선청구권자의 지위로 자본금의 규모로부터 안정감을 확보할 수 있다.

20 이러한 반감을 내비친 대표적 인물이 스미스(Adam Smith)였다. 스미스는 '다른 사람의 돈(other people's money)'으로 회사를 운영한다는 표현을 사용했다. 또한 당시 사람들은 주식회사가 번성할 것이라고 예상하지 못했다. "스미스는 새로 등장한 주식회사라는 기업조직의 장래에 그다지 기대를 걸지 않았다. 그러한 비인격적 사업체는 복잡하고 힘든 사업을 수행하는 데 필요한 이기심을 분발할 가능성이 아주 낮을 것이라고 생각했기 때문이다(Heilbroner, 1999)." 역서(장상환, 2008) 인용. 이와 달리 마르크스(Karl Heinrich Marx)는 "자본주의적 생산의 가장 발달한 형태"라고 부르며 주식회사의 번성 가능성을 감지했다(Chang, 2014).

10.5

금융혁신과 금융위기

금융혁신은 인류가 비참한 생존환경에서 탈출하여 풍요로움의 세계로 진입하는 과정에서 그 어떤 기술혁신 못지않게 중요한 역할을 해왔다. 인류의 모든 역사적 현상의 이면에는 금융과 관련된 숨겨진 이야기들이 들어 있다. 이렇듯 금융은 위기를 거치며 진화의 과정을 밟아왔는데, 지적 설계자(intelligent designer)는 물론 인간이었다(Ferguson, 2008).

통화가 발명되지 않았다면 통화위기도 존재하지 않았을 것이다. 은행이 발명되지 않았다면 은행위기도 일어나지 않았을 것이다. 그렇다고 해서 통화와 은행이 없는 세계를 희망하는 사람은 거의 없다. 통화가 없으면 통화위기는 피할 수 있겠지만 경제활동이 매우 불편해지기 때문이다. 마찬가지로 은행이 없으면 은행위기는 피할 수 있겠지만 생활이 궁핍해질 것이다.

존 케네스 갤브레이스(John Kenneth Galbraith, 1908~2006)는 금융혁신에 대해 매우 깊은 의구심을 가지고 임해야 한다고 말했다(Galbraith, 1987). 사회문제를 아무런 고통 없이 해결할 수 있다고 믿는 금융연금술(financial alchemy)을 경계하자는 뜻이다.

혁신은 신중한 검증과 사회적 동의를 필요로 한다. 혁신에 대한 과도한 환상은 위기를 부르는 초대장이다. 모든 위기에서 그랬듯이 비현실적 기대와 집착이 몰락으로 이어진다. 금융혁신의 결과물이 금융위기의 원인을 제공한 것은 사실이다. 그러나 금융혁신이 금융위기의 직접적 원인은 아니다. 금융혁신으로 편리함과 풍요로움을 얻지만 이러한 안정이 불안정을 잉태하여 금융위기를 불러올 수는 있다.

금융혁신의 방향은 효율성 제고이고, 이는 거래비용을 줄이고 규모를 키움으로써 달성된다. 하지만 효율성 제고의 결과가 채무의 증가라는 형태로 나타나 금융취약성을 강화하는 방향으로 힘이 작동하게 된다. 혁신의 결과물이 오용되고 남용되어 취약성을 낳는다. 새로운 혁신이 필요하다. 오용되거나 남용되는 혁신의 결과물이 없도록 방지할 수 있는 혁신이어야 한다. 그런 의미에서 미래의 금융혁신은 도덕성을 제고하는 추가적 지침까지 갖추어야 할 것이다.

Financial Mind

마침내 '견고한 금융 마인드 갖추기'를 목표로 달려온 여정의 종점에 다다랐습니다.

금융지식의 중요성에 대한 설명으로 시작하여 금융의 정의와 금융시스템을 살피고, 화폐의 시간가치와 금융시장의 효율성을 점검하는 것으로 여행의 전반부를 마쳤습니다. 이를 바탕으로 후반부에서는 프로젝트금융, 투자금융, 대체투자에 대해 알아봄으로써 시야를 넓히고, 금융위기와 금융혁신을 둘러보는 것으로 목적지에 도달했습니다. 물론 또 다른 여행의 출발지일 수도 있습니다.

여행의 전체 틀을 이와 같이 구성한 것은 지나치게 미시적인 시각에 매몰되지 않으면서 거시적 관점 또한 놓치지 않으려는 의도였습니다. 또한 짧지 않은 여행길에 지치지 않도록 곳곳에 흥미로운 이야기를 추가했는데, 보탬이 되었는지 모르겠습니다.

이제 우리는 더 높은 곳에 오르고 더 깊은 곳을 밝힐 수 있는 체력과 의지를 갖게 되었습니다.

금융에 대한 이해를 기반으로 모두가 경제적·정치적 의사결정의 현명한 주체가 되기를 바랍니다.* 더불어 이 책이 오랫동안 독자들과 호흡할 수 있기를 소망합니다.

작년 가을에 집을 옮기면서 깨끗한 서재를 마련했습니다. 오랜 바람이 이루어졌고, 덕분에 많은 자료를 동시에 펼쳐놓고 책을 쓸 수 있었습니다. 읽기와 쓰기에 편안한 공간이 앞으로의 지적 활동을 자극하고 지원해줄 것으로 기대합니다.

* "이론적인 무지를 바탕으로 한 실천은 결코 변혁이 될 수 없기(가라타니 고진, 김경원 옮김, 2010)" 때문입니다.

참고문헌

주요 문헌

강준만, 2005, 대학생 글쓰기 특강, 인물과사상사, 서울.

고성수·류근묵, 2009, "금융기관 관점에서 본 부동산 프로젝트 파이낸싱 리스크 항목의 중요도 분석", 부동산학연구 15(1), pp.156-173.

권성일, 2005, 기업금융설계와 위험분석(제2판). 한국금융연수원, 서울.

김기수, 2007, "프로젝트 파이낸싱에 대한 법적 연구: 민간투자법에 의해 추진되는 프로젝트를 중심으로", 상사법연구 26(1), pp.85-135.

김도경, 2005, "프로젝트 파이낸스의 자금조달문제 중 후순위대출과 담보확보에 관한 몇 가지 문제점", 상사법연구 24(2), pp.363-399.

김동옥, 2014a, "금융산업 구조조정과 금융기관 위기대응력 연구", 상업교육연구 28(2), pp.99-120.

김동옥, 2014b, "프로젝트 파이낸스 연구동향 분석", 상업교육연구 28(3), pp.283-306.

김동옥, 2014c, 금융위기와 금융기관: 금융기관 위기학습에 관한 연구. 단국대학교대학원, 경기.

김동옥, 2014d, "금융자격과 금융교육: 공인회계사 재무관리 시험과목 분석", 상업교육연구 28(5), pp.115-134.

김동옥, 2015, "국내 민간투자사업 연구논문 분석", 상업교육연구 29(3), pp.167-189.

김동옥·양철원, 2013, "한국 금융기관의 위기대응력에 대한 연구", 기업경영연구 20(6), pp.131-152.

김동환, 2007, "금융산업의 변화와 향후 과제", 금융동향 21(별책), pp.1-27.

김상만, 2008, "프로젝트 파이낸스 방식 수출거래에서 수출보험의 역할", 국제거래법연구 17(2), pp.151-169.

김석원·이병록·원지환, 2021a, 금융경제기초 2권(제13판). 한국금융연수원, 서울.

김석원·이지혜·정재욱·이병록, 2021b, 금융경제기초 3권(제13판). 한국금융연수원, 서울.

김윤환, 2013, 금융위기: 본질과 대책. 한국금융연수원, 서울.

김지열, 2005, "민스키의 금융불안정성 가설에 의한 한국 경제 분석: 헤지 단위 · 투기적 단위 · 폰지 단위에 의한 분석", 사회연구 6(1), pp.125-146.

김진·서정렬, 2008, "부동산개발사업의 위험회피를 위한 PFV의 역할과 개선 방안에 관한 연구", 부동산학연구 14(3), pp.57-59.

노철우, 2013, "금융위기 극복을 위한 우리나라의 법적 대응: 1997년 금융 · 외환위기 및 최근의 글로벌 금융위기를 중심으로", 경영법률 23(3), pp.145-204.

박경철, 2006, 시골의사의 부자경제학: 경제 원리에 숨겨진 부자들의 투자 비밀. 리더스북, 서울.

박동규, 2009, 프로젝트 파이낸싱의 개념과 실제(제3판). 명경사, 서울.

박동규·이봉주, 1997, "프로젝트금융에서의 금융공학을 이용한 위험관리", 리스크관리연구 8, pp.263-290.

박세화, 2006, "프로젝트금융의 활성화를 위한 법제도 개선에 관한 연구", 비교사법 13(1), pp.561-587.

박훤일, 1997, "프로젝트 파이낸스의 효과적인 추진방안", 국제거래법연구 6, pp.97-124.

반기로, 2003, 프로젝트 파이낸스(제3판). 한국금융연수원, 서울.

변대호, 2010, “금융학과 교과과정의 산업실무에의 적합성”, 산업혁신연구 26(4), pp.343-364.
설혜심, 2011, “학문의 분화와 통섭”, 학림 32, pp.91-124.
신용원, 2009, 이기는 투자습관, 대안투자. 팜파스, 서울.
신장섭, 2008, 한국경제, 패러다임을 바꿔라. 청림출판, 서울.
신장섭, 2009, 금융전쟁: 한국경제의 기회와 위험. 청림출판, 서울.
양철원·김동옥, 2015, “한국 기업의 위기대응력에 관한 연구: 비금융기업을 중심으로”, 기업경영연구 23(5), pp.109-131.
염성오, 2020, “민간투자사업 25년 & 민자발전 20년: 과거를 통해 미래를 비춰본다”, KR Insight 2020, pp.5-20.
유시민, 2002, 경제학 카페. 돌베개, 경기.
유시민, 2009, 부자의 경제학 빈민의 경제학(개정판). 푸른나무, 경기.
이근, 2011, 한국인을 위한 경제학(개정중판). 박영사, 서울.
이종규, 2000, 경제위기: 원인과 발생과정. 한국은행 특별연구실, 서울.
이종태, 2014, 금융은 어떻게 세상을 바꾸는가. 개마고원, 경기.
이찬근, 2011, 금융경제학 사용설명서: 금융의 탄생에서 현재의 세계금융지형까지. 부키, 서울.

임석필, 2006, 재무관리(제2판). 창민사, 서울.

임석필, 2009, 증권투자의 이해(제9판). 창민사, 서울

정대석, 2004, "부동산 프로젝트금융 적용 사업에 대한 사업성 연구", 국토계획 39(6), pp.175-188.

조영식·박송춘, 2010, "우리나라 금융교육의 방향성 탐색", 대한경영학회지 23(2), pp.1185-1203.

조재영, 2010, "부동산개발금융에 관한 법적 고찰: 프로젝트 파이낸스의 금융구조를 중심으로", 부동산학보 40, pp.106-119.

한국금융연수원, 2006, 금융실무대사전. 한국금융연수원, 서울.

홍춘욱, 2019, 돈의 역사. 로크미디어, 서울.

Akerlof, G. A. and Shiller, R. J., 2009, *Animal Spirits: How Human Psychology Drives the Economy, and Why It Matters for Global Capitalism*. Princeton University Press, New Jersey. 》 조지 애커로프·로버트 실러 지음, 김태훈 옮김, 2009, 야성적 충동: 인간의 비이성적 심리가 경제에 미치는 영향. 랜덤하우스코리아, 서울.

Basel Committee on Banking Supervision, 2002, *Quantitative Impact Study: Technical Guidance*. Bank for international Settlement, Swiss.

Baskin, J. B. and Miranti Jr., P. J., 1997, *A History of Corporate Finance*. Cambridge University Press, UK.

Beinhocker, E. D., 2006, *The Origin of Wealth: Evolution, Complexity, and the Radical Remarking of Economics*. Harvard Business School Press, Massachusetts. 》 에릭 바인하커 지음, 안현실·정성철 옮김, 2015, 부는 어디에서 오는가. 알에이치코리아, 서울.

Bodie, Z., Kane, A. and Marcus, A. J., 2008, *Investments(7th Edition)*. McGraw-Hill, New Jersey.

Bodie, Z., Merton, R. C. and Cleeton, D. L., 2009, *Financial Economics(2nd Edition)*. Pearson, New York.

Borensztein, E. and Lee, J-W., 2002, "Financial Crisis and Credit Crunch in Korea: Evidence from Firm-Level Data", *Journal of Monetary Economics* 49(4), pp.858-875.

Brealey, R. A., Myers, S. C. and Allen, F., 2006, *Corporate Finance(8th Edition)*. McGraw-Hill, New York.

Buchholz, T. G., 1999, New Ideas from Dead *Economists(Revised Edition)*. Plume, UK. 》 토드 부크홀츠 지음, 이승환 옮김, 1994, 죽은 경제학자의 살아있는 아이디어. 김영사, 서울.

Chang, Ha-Joon, 2014, *Economics: The User's Guide*. Penguin Books, UK. 〉〉 장하준 지음, 김희정 옮김, 2014, 장하준의 경제학 강의. 부키, 서울.

Cooper, G., 2008, *The Origin of Financial Crises: Central Banks, Credit Bubbles and the Efficient Market Fallacy*. Vintage Books, New York. 〉〉 조지 쿠퍼 지음, 김영배 옮김, 2009, 민스키의 눈으로 본 금융위기의 기원. 리더스하우스, 서울.

EIB Economic Department, 2013, *Investment and Investment Finance in Europe*. European Investment Bank, Luxemburg.

Esty, B. C., 2004, "Why Study Large Project?: An Introduction to Research on Project Finance", *European Financial Management* 10(2), pp.213-224.

Esty, B. C. and Megginson, W., 2003, "Creditor Rights, Enforcement, and Debt Ownership Structure", *Journal of Financial and Quantitative Analysis* 38(1), pp.37-59.

Eun, C. S. and Resnick, B. G., 2009, *International Financial Management(5th Edition)*. McGraw-Hill, New York.

Fahlenbrach, R., Prilmeier, R. and Stulz, R. M., 2012, "This Time Is the Same: Using Bank Performance in 1998 to Explain Bank Performance during the Recent Financial Crisis", *Journal of Finance* 67(6), pp.2139-2185.

Ferguson, N., 2008, *The Ascent of Money: A Financial History of the World*. Penguin Books. New York. 》 니얼 퍼거슨 지음, 김선영 옮김, 2010, 금융의 지배: 세계 금융사 이야기. 민음사, 서울.

Finnerty, J. D., 2007, *Project Financing: Asset-Based Financial Engineering(2nd Edition)*. John Wiley & Sons, New York.

Friedman, M., 1994, *Money Mischief: Episodes in Monetary History*. Mariner Books, Massachusettes. 》 밀턴 프리드먼 지음, 김병주 옮김, 2009, 화폐경제학. 한국경제신문, 서울.

Galbraith, J. K., 1987, *A History of Economics*. Hamish Hamilton, UK. 》 존 케네스 갤브레이스 지음, 장상환 옮김, 2002, 경제학의 역사. 책벌레, 서울.

Grossman, S. and Stiglitz, J., 1981, "On Impossibility of Informationally Efficient Markets", *American Economic Review* 70(3), pp.393-408.

Heilbroner, R. L., 1999, *The Worldly Philosophers(7th Edition)*. Touchstone, New York. 》 로버트 하일브로너 지음, 장상환 옮김, 2008, 세속의 철학자들. 이마고, 서울.

Heilbroner, R. L. and Milberg, .W. S., 1995, *The Crisis of Vision in Modern Economic Thought*. Cambridge University Press, New York. 〉〉 로버트 하일브로너·윌리엄 밀버그 지음, 박만섭 옮김, 2007, 비전을 상실한 경제학. 필맥, 서울.

Heinberg, R., 2011, *The End of Growth: Adapting to Our New Economic Reality*. New Society Publishers, Canada. 〉〉 리처드 하인버그 지음, 노승영 옮김, 2013, 제로 성장 시대가 온다. 부키, 서울.

Kahn, M. F. and Parra, R. J., 2003, *Financing Large Project: Using Project Finance Techniques and Practices*. Pearson, Singapore.

Kahneman, D., 2011, *Thinking Fast and Slow*. Farrar, Straus and Giroux, New York. 〉〉 대니얼 카너먼 지음, 이진원 옮김, 2012, 생각에 관한 생각: 우리의 행동을 지배하는 생각의 반란. 김영사, 서울.

Kahneman, D. and Tversky, A., 1979, "Prospect Theory: An Analysis of Decisions under Risk", *Econometrica* 47, pp.313-327.

Kensinger, J. and Martin, J., 1988, "Project Finance: Raising Money, The Old-Fashioned Way", *Journal of Applied Corporate Finance* 1(3), pp.69-81.

Kindleberger, C. P. and Aliber, R. Z., 2011, *Manias, Panics, and Crashes: A History of Financial Crises(6th Edition)*. Palgrave Macmillan, UK. 》 찰스 킨들버거·로버트 알리버 지음, 김홍식 옮김, 2006, 광기, 패닉, 붕괴: 금융위기의 역사. 굿모닝북스, 경기.

Kollmann, R., Roeger, W., and Weld, J., 2013, "Fiscal Policy, Banks and the Financial Crisis", *Journal of Financial Dynamics and Control* 37(2), pp.387-403.

Krugman, P. R., 2009, *The Return of Depression Economics and the Crisis of 2008*. Norton, New York. 》 폴 크루그먼 지음, 안진환 옮김, 2009, 불황의 경제학. 세종서적, 서울.

Liaw, 2006, *The Business of Investment Banking. John Wiley & Sons*, New York.

Minsky, H. P., 2008a, *Stabilizing an Unstable Economy*. McGraw-Hill, New York.

Minsky, H. P., 2008b, *John Maynard Keynes*. McGraw-Hill, New York. 》 하이먼 민스키 지음, 신희영 옮김, 2014, 케인스 혁명 다시 읽기. 후마니타스, 서울.

Mishkin, F. S. and Eakins, S. G., 2009, *Financial Markets and Institutions(6th Edition)*. Pearson, Massachusetts.

Myers, S. C. and Majluf, N. S., 1984, "Corporate Financing and Investment Decision: When Firms Have Information that Investors Do Not Have", *Journal of Financial Economics* 13(2), pp.187-221.

Nevitt, P. K. and Fabozzi, F. J., 2000, *Project Financing(7th Edition)*. Euro-money Books, UK.

OECD, 2006, *The Importance of Financial Education*. OECD Policy Brief, France.

Ross, S. A., Westerfield, R. W., Jaffe, J. and Jordan, B. D., 2009, *Modern Financial Management(8th Edition)*. McGraw-Hill, New York.

Rubini, N. and Mihm, S., 2010, *Crisis Economics*. Penguin Books, UK. 》 누리엘 루비니·스티븐 미흠 지음, 허익준 옮김, 2010, 위기 경제학. 청림출판, 서울.

Shah, S. and Thakor, A. V., 1987, "Optimal Capital Structure and Project Financing", *Journal of Economic Theory* 42(2), pp.209-243.

Shefrin, H., 2007, *Behavioral Corporate Finance: Decisions that Create Value*. McGraw-Hill, Massachusetts. 》 허시 셰프린 지음, 조담 옮김, 2012, 행태과학으로 본 재무관리: 잘못된 경영판단의 원인과 처방. 청람, 서울.

Shiller, R. J., 2012, *Finance and the Good Society*. Princeton University Press, New Jersey. 》 로버트 실러 지음, 노지양·조윤정 옮김, 2013, 새로운 금융시대: 개인 투자와 세계 경제의 흐름을 바꿀 금융의 미래. 알에이치코리아, 서울.

Strathern, P., 2001, *Dr. Strangelove's Game: A Brief History of Economic Genius*. Penguin Books, UK. 》 폴 스트레턴 지음, 김낙년 · 천병윤 옮김, 2002, 세계를 움직인 경제학자들의 삶과 사상. 몸과마음, 서울.

Thaler, R. A. and Sunstein, C. R., 2009, *Nudge: Improving Decisions about Health, Wealth, and Happiness*. Penguin Books, New York. 》 리처드 탈러·캐스 선스타인 지음, 안진환 옮김, 2009, 똑똑한 선택을 이끄는 힘, 넛지. 리더스북, 서울.

Yescombe, E. R., 2007, *Public-Private Partnerships: Principles of Policy and Finance*. Elsevier, UK.

가라타니 고진 지음, 김경원 옮김, 2010, 마르크스 그 가능성의 중심. 이산, 서울.

도모노 노리오 지음, 이명희 옮김, 2007, 행동경제학. 지형, 서울.

요시다 요이치 지음, 정구영 옮김, 2002, 0의 발견. 사이언스북스, 서울.

존 메이너드 케인스 지음, 조순 옮김, 2007, 고용, 이자 및 화폐의 일반이론(개역판). 비봉출판사, 서울.

크리스토퍼 시 지음, 양성희 옮김, 2011, 결정적 순간에 써먹는 선택의 기술. 북돋움, 서울.

기타 문헌

권성일, 2001, 최신기업신용분석(개정판). 한국금융연수원, 서울.

김경석, 2010, "조직수명주기, 조직기억, 조직학습 간의 관련성에 관한 연구", 대한경영학회지 23(1), pp.243-267.

김경수, 2011, "글로벌 금융위기 전후의 아시아 주식시장 동조화 분석", 기업경영연구 18(2), pp.217-238.

노철우, 2007, "외환위기 이후 국제금융법이 국내 사회에 미친 영향: 금융기관 구조조정을 중심으로", 서울국제법연구 14(2), pp.45-83.

노충식, 2021, 금융경제기초 1권(제13판). 한국금융연수원, 서울.

배근호, 2003, "외환위기 이후 국내 은행들의 수익성 향상에 관한 연구: 1990년대 금융위기 국가 은행들의 비교 분석", 대한경영학회지 16(6), pp.1813-1829.

백재승, 2010, "경제위기와 기업가치: 외환위기와 글로벌 금융위기 비교 분석", 대한경영학회지 23(3), pp.1242-1265.

송병락, 2010, 한국경제의 길: 독창적 모델을 찾아서(제5판). 박영사, 서울.

양철원, 2011, "유동성 고갈 기간 개별주식 유동성의 결정 요인: 한국 주식시장에 대한 실증분석", 한국증권학회지 40(4), pp.673-712.

이재민·김은미, 2012, 브랜드경영심리: 소통과 공감의 행동경제학. 한국지식개발원, 서울.

이찬근, 2009, 불안한 번영. 부키, 서울.

조윤제, 1999, "1990년대 한국의 금융자유화방식과 금융위기에 대한 분석", 한국경제연구 제2권, pp.61-86.

황재홍, 2009, "Minsky 금융불안정성가설의 본질은 무엇인가: 포스트 케인지언의 민스키 해석에 대한 비판적 고찰", 경제학연구 57(4), pp.73-99.

Acharaya, V. V., Pederson, L. H., Phillippon, T. and Richardson, M., 2010, *Measuring Systemic Risk*. Working Paper, New York University.

Adrian, T. and Shin, H., 2009, "Money, Liquidity and Monetary Policy", *American Economic Review* 99(2), pp.600-605.

Adrian, T. and Shin, H., 2010, "Liquidity and Leverage", *Journal of Financial Intermediation*, 19(3) pp.418-437.

Akerlof, G. A., 1970, "Market for Lemons: Quality Uncertainty and the Market Mechanism", *Quarterly Journal of Economics* 84(3), pp.488-500.

Ariely, D., 2000, *The Upside of Irrationality: The Unexpected Benefits of Defying Logic at Work and at Home*. HarperCollins Publishers, New York. 》 댄 애리얼리 지음, 김원호 옮김, 2011, 경제심리학. 청림출판, 서울.

Bae, K-H., Kang, J-K. and Lim, C-W., 2002, "The Value of Durable Bank Relationships: Evidence from Korean Banking Shocks", *Journal of Financial Economics* 64(2), pp.181-214.

Baek, J-S., Kang, J-K. and Park, K. S., 2004, "Corporate Governance and Firm Value: Evidence from Korean Financial Crisis", *Journal of Financial Economics* 71(2), pp.265-313.

Beltratti, A. and Stulz, R. M., 2012, "The Credit Crisis around the Globe: Why Did Some Banks Perform Better during the Credit Crisis?", *Journal of Financial Economics* 105(1), pp.1-17.

Bertrand, M. and Schoar, A., 2003, "Managing with Style: The Effect of Managers on Firm Policies", *Quarterly Journal of Economics* 118(4), pp.1169-1208.

Brunnermeier, M. K., 2009, "Deciphering the Liquidity and Credit Crunch 2007-2008", *Journal of Economic Perspective* 23(1), pp.77-100.

Chava, S. and Purnanandam, A., 2011, "The Effect of Banking Crisis on Bank-Dependent Borrowers", *Journal of Financial Economics* 99(1), pp.116-135.

Choe, H., Kho, B-C. and Stulz, R. M., 1999, "Do Foreign Investors De-stabilize Stock Markets? The Korean Experience in 1997", *Journal of Financial Economics* 54(2), pp.227-264.

Duygan-Bump, B., Parkinson, P., Rosengren, E., Suarez, G. A. and Willen, P., 2012, "How Effective Were the Federal Reserve Emergency Liquidity Facilities? Evidence from the Asset-Backed Commercial Paper Money Market Mutual Fund Liquidity Facility", *Journal of Finance* 68(2), pp.715-737.

Fahlenbrach, R. and Stulz, R. M., 2011, "Bank CEO Incentives and the Credit Crisis", *Journal of Financial Economics* 99(1), pp.11-26.

Fama. E. F., 1970, "Efficient Capital Markets: A Review of Theory and Empirical Work", *Journal of Finance* 25(2), pp.383-417.

Frame, J. D., 2003, *Project Finance: Tools & Techniques*. UMT Press, Pakistan.

Gennaioli, N., Shleifer, A. and Vishny, R., 2012, "Neglected Risks, Financial Innovation, and Financial Fragility", *Journal of Financial Economics* 104(3), pp.452-468.

Ghysels, E. and Seon, J., 2005, "The Asian Financial Crisis: The Role of Derivative Securities Trading and Foreign Investors in Korea", *Journal of International Money and Finance* 24(4), pp.607-630.

Gorton, G., 2010, *Slapped by the Invisible Hand*. Oxford University Press, UK.

Hameed, A., Kang, W. and Viswanathan, S., 2010, "Stock Market Declines and Liquidity", *Journal of Finance* 65(1), pp.257-293.

Heilbroner, R. L., 1997, *Teachings from the Worldly Philosophy*. Norton & Company, New York. ›› 로버트 하일브로너 지음, 김정수·이현숙 옮김, 2001, 고전으로 읽는 경제사상. 민음사, 서울.

Joh, S-W., 2003, "Corporate Governance and Firm Profitability: Evidence from Korea before the Economic Crisis", *Journal of Financial Economics* 68(2), pp.287-322.

Jotikasthira, C., Lundblad, C. and Ramadorai, T., 2012, "Asset Fire Sales and Purchases and the International Transmission of Funding Shocks", *Journal of Finance* 67(6), pp.2015-2050.

Kahneman, D. and Tversky, A., 1984, "Choices, Values, and Frames", *American Psychologist* 39(4), pp.341-350.

Kalemli-Ozcan, S., Papaioannou, E. and Peydró, J-L., 2013, "Financial Regulation, Globalization, and the Synchronization of Economic Activity", *Journal of Finance* 68(3), pp.1179-1228.

Longstaff, F. A., 2010, "The Sub-Prime Credit Crisis and Contagion in Financial Markets", *Journal of Financial Economics* 97(3), pp.436-450.

Loutskina, R. and Strahan, P. E., 2011, *Informed and Uninformed Investment in Housing: The Downside of Diversification*. Working Paper, Boston College.

Malmendier, U. and Nagel, S., 2011, "Depression Babies: Do Macroeconomic Experiences Affect Risk Taking?", *Quarterly Journal of Economics* 126(1), pp.373-416.

Malmendier, U., Tate, G. and Yan, J., 2011, "Overconfidence and Early-Life Experiences: The Effect of Managerial Traits on Corporate Financial Policies", *Journal of Finance* 66(5), pp.1687-1733.

Ross, S. A., Westerfield, R. W., Jaffe, J. and Jordan, B. D., 2008, *Corporate Finance Fundamentals(8th Edition)*. McGraw-Hill, New York.

Samuelson, P. A. and Barnet, W. A., 2007, *Inside the Economist's Mind: Conservation with Eminent Economists*. Blackwell Publishing, UK. 》 폴 새뮤얼슨 · 윌리엄 바넷 엮음, 함정호·진태홍 옮김, 2008, 위대한 경제학자들의 생애와 사상. 지식산업사, 경기.

Schnabl, P., 2012, “The International Transmission of Bank Liquidity Shocks: Evidence from an Emerging Market”, *Journal of Finance* 67(3), pp.897-932.

Song, K. and Lee, Y, 2012, “Long-Term Effects of a Financial Crisis: Evidence from Cash Holdings of East Asian Firms”, *Journal of Financial and Quantitative Analysis* 47(30), pp.617-641.